Max Schatz

111 SCHACHPROBLEME

Bibliografische Information der Deutschen National-bibliothek
Die Deutsche Nationalbibliothek verzeichnet diese Publikation in der Deutschen Nationalbibliografie; detaillierte bibliografische Daten sind im Internet über http://dnb.d-nb.de abrufbar.

© 2024 Max Schatz
Umschlagbild: Katharina und Alexander Schatz
Herstellung und Verlag: BoD – Books on Demand, Norderstedt

ISBN: 978-3-758363948

Max Schatz

111 Schachprobleme

Vorwort

Geboren 1981 im russischen Tscheljabinsk, kam ich recht bald mit Schach in Berührung. Mit der Schachkomposition, auch Problemschach genannt, beschäftigte ich mich noch vor meiner ersten in einem Turnier gespielten Schachpartie, die im September 1993 stattfand. Damals lebte ich gerade mal seit einem Jahr in Deutschland. Im selben Jahr kam es zu den ersten beiden Veröffentlichungen eigener Schachprobleme in einer Schachzeitschrift, wobei ich wie gesagt die ersten Stücke (fast hundert an der Zahl – die allermeisten davon überhaupt nicht veröffentlichungswürdig und irgendwann verschollen gegangen) noch in den Jahren 1991 und 1992 – zehnjährig – komponiert hatte.

Der bayerische Referent für Problemschach Georg Böller (1929–2015) fand es schade, dass ich den Weg des Problemkomponisten ab 1993 nicht weiterverfolgte, doch war er es komischerweise selbst, der sämtliche Bewerbungen um Veröffentlichungen in seiner „Schachecke" ablehnte, was vielleicht ausschlaggebend dafür war, dass ich mich dann eben auf das Partieschach konzentrierte. Natürlich mussten hier nach einigen Titeln (etwa Jugendmeister der Oberpfalz 1994 und 1996, dritter Platz in der Stadtmeisterschaft der Stadt Amberg 1994) Misserfolge (schlechtes Abschneiden bei den bayerischen Jugendmeisterschaften '94 und '96, für die ich mich als Oberpfalz-Meister qualifiziert hatte) passieren, damit ich mich wieder dem Problemschach zuwandte – 1996.

Der richtige Einstieg in dieses Hobby mit den meisten Veröffentlichungen geschah dann aber erst zehn Jahre später. Was war der Grund dafür, dass Georg Böller meine Probleme – selbst dieselben wie von vor zehn

Jahren – plötzlich akzeptierte? Außer dem, dass der Anfänger älter (aber auf seinem Gebiet keineswegs erfahrener!) geworden war. Nun, wäre diese Frage ein Schachproblem, hätte es wohl keine Lösung …

Die vorliegende Sammlung ist eine Art lieber spät als nie stattfindender Schlussstrich unter dieses Hobby, denn gewiss werde ich nie wieder zum Komponieren von Schachaufgaben zurückkehren. War diese Beschäftigung doch schon in den 2010er Jahren am Ausklingen. Es ist ein ganz persönliches Buch, dass keine weiteren Ziele außer dem obengenannten verfolgt. Den Autor würde es trotzdem massiv freuen, wenn jemand ausgerechnet durch es zum Problemschach kommen würde. Zur Fundamentierung habe ich am Ende des Buchs ein kleines Glossar problemschachlicher Begriffe vorbereitet, das ganz und gar keinen Anspruch auf Vollständigkeit erhebt, sondern nur die in meinen Problemen vorkommenden Themen enthält.

Wichtige Anmerkung: Das Kunstgebiet Problemschach ist zwar kein Sport, wo Zahlen eine eindeutige und überzeugende Sprache sprechen, doch durch seine Abstraktion und Begrenztheit ist es auch von den großen Künsten wie Musik oder Literatur, wo sich die Geschmäcker wie Tag und Nacht unterscheiden können, relativ entfernt. Wegen des Letzteren ist es ein Kunstgebiet, in dem meines Erachtens „das Studieren der Klassik zum Zwecke der Begeisterung für die Materie" noch am ehesten funktioniert. Die jahrzehnte- und schon jahrhundertealten Stücke schlagen einfach ein, und man muss schon ein sehr talentierter, dazu hart „trainierender" und dementsprechend weltweit bekannter Komponist sein, um heute noch ähnlich Geniales zu erschaffen (nichtsdestotrotz gibt es davon natürlich auch im 21. Jahrhundert in Hülle und Fülle).

Mein Buch kann dieses Studieren keinesfalls ersetzen,

denn dafür sind meine hier gesammelten Aufgaben einfach zu mittelmäßig und in zu vielen Fällen nicht bis zur *Letztform* auskomponiert. Davon zeugt nicht zuletzt die karge Ausbeute an Auszeichnungen. Wobei ich doch hoffe, hier und da ein paar nette und sogar neue Ideen entwickelt zu haben – inklusive der in solchen Fällen oft fehlenden Würdigung seitens der Rezipienten. Wäre ich eventuell „besser geworden", hätte ich nicht im Grunde nur die Jahre 2007–2010 mit der intensiven Beschäftigung, sondern das ganze Leben der Materie gewidmet? Das weiß niemand. Aber ich bereue nichts, und deswegen ist, wie man sagt, alles gut.

Letzte Anmerkung:
Bei manchen Aufgaben weichen die Diagramme von den in verschiedenen Quellen veröffentlichten ab, weil ich an diesen Aufgaben nachträglich Korrekturen und Verbesserungen vorgenommen habe.

1

komponiert 1991
Schach-Report 1/1993

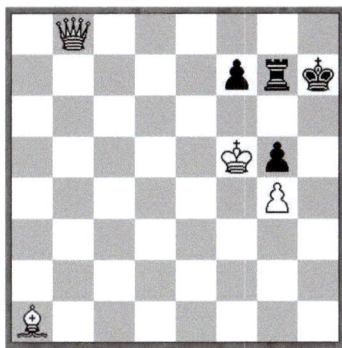

#2   4+4

a) Diagramm
b) nach dem Schlüssel von a)
c) nach dem Schlüssel von b)

2

komponiert 1992
Schach-Report 4/1993; Der neue Tag, September 1993

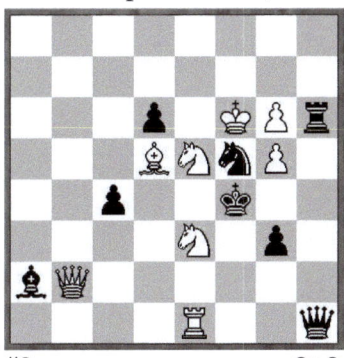

#2   8+8

3

komponiert 1993
Urdruck

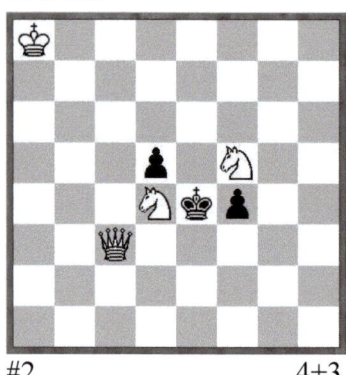

#2   4+3

4

komponiert 1992
Amberger Mattnetz 4/1994

#2   5+7

5

komponiert 1996
Urdruck

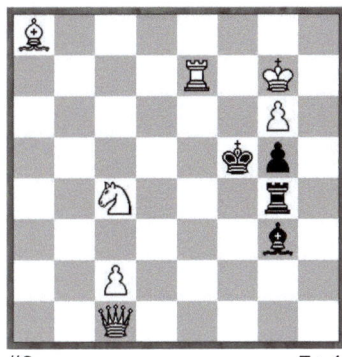

#2   7+4

6

komponiert 1996
Amberger Mattnetz 2/1997

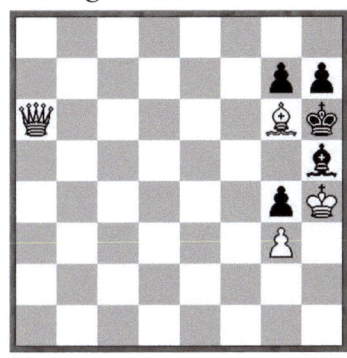

#2   4+5

7

komponiert 1997

Amberger Mattnetz 2/1997

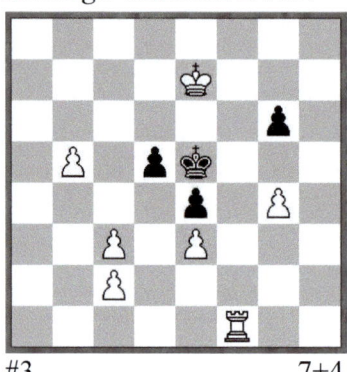

#3   7+4

8

komponiert 1997

Rochade Europa 6/1997; Rochade Bayern 11/2003

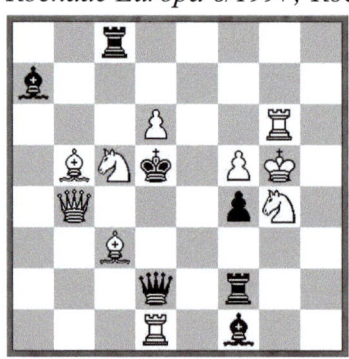

#2*   10+7

9

komponiert 1997
Amberger Mattnetz 3/1997; Der neue Tag, Oktober 2009

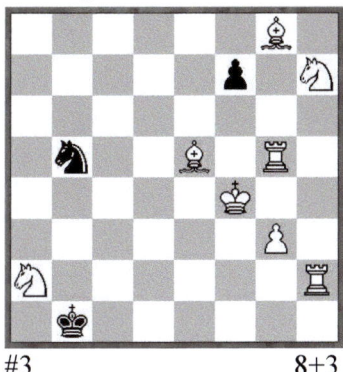

#3   8+3

10

komponiert 1997
Amberger Mattnetz 3/1997; Der neue Tag, Oktober 2007

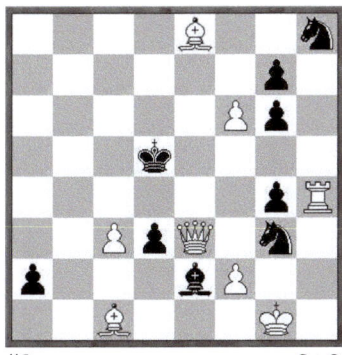

#3   8+9

11

komponiert 1997
Rochade Europa 8/1997

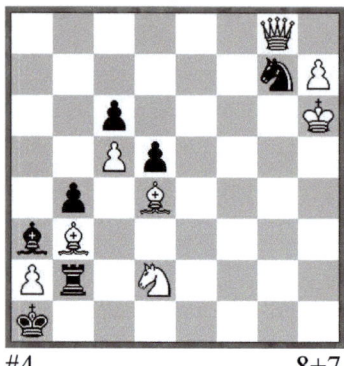

#4   8+7

12

komponiert 1997
Amberger Mattnetz 4/1997

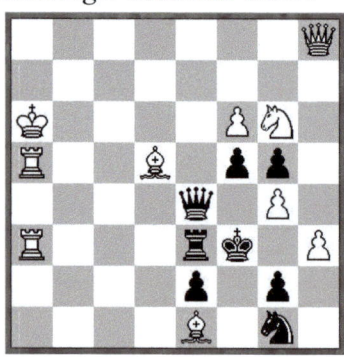

#2   10+8

13

komponiert 1997
Amberger Mattnetz 4/1997

#2   14+9

14

komponiert 1997
Amberger Mattnetz 4/1997

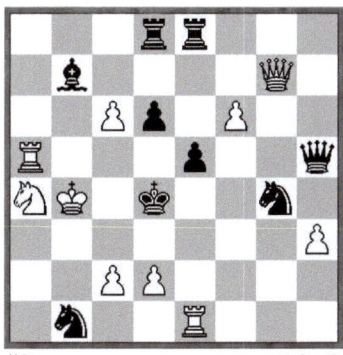

#2   10+9

15

komponiert 1997
Amberger Mattnetz 4/1997

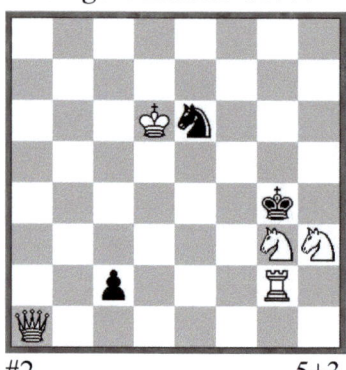

#2   5+3

16

komponiert 1997
Rochade Europa 11/1997

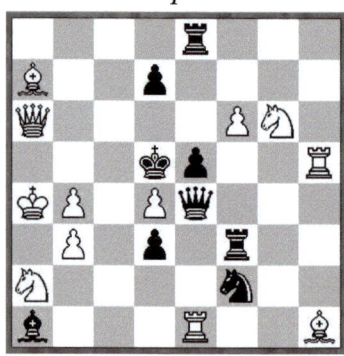

#2   12+9

17

komponiert 1997
Urdruck

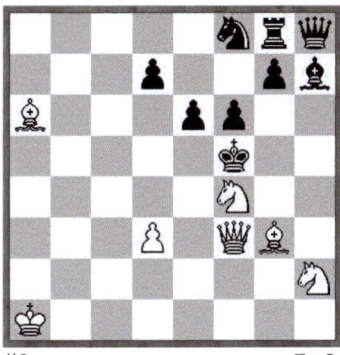

#2   7+9

18

komponiert 1997
Rochade Europa 1/1998

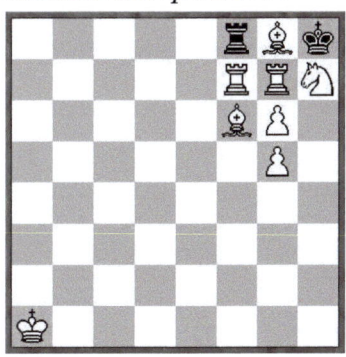

#4   8+2

19

komponiert 1996
Die Schwalbe 10/2000
2. Lob (5. Förderungsturnier 1998–2000)

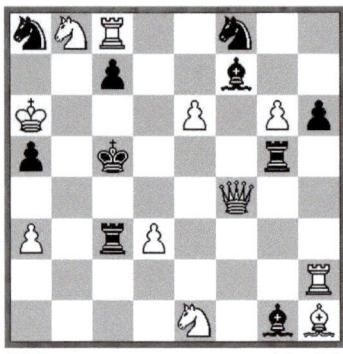

#2* v   11+10

20

komponiert 1997
Die Schwalbe 10/2000
2. besondere Hervorhebung (5. Förderungsturnier 1998–2000)

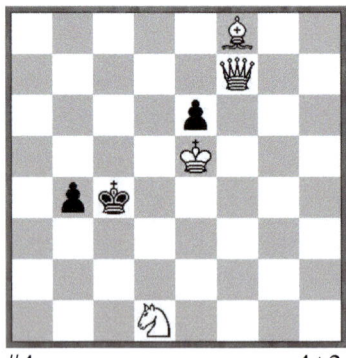

#4   4+3

21

komponiert 1997
Rochade Europa 6/2001
Korrektur: mit Andrew Buchanan 2020

h#2   7+15

22

komponiert 2006
Der neue Tag, Oktober 2006

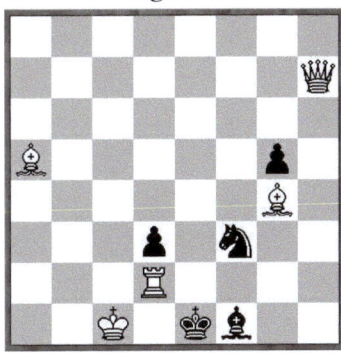

#2   5+5

23

komponiert 1997
Der neue Tag, Oktober 2006

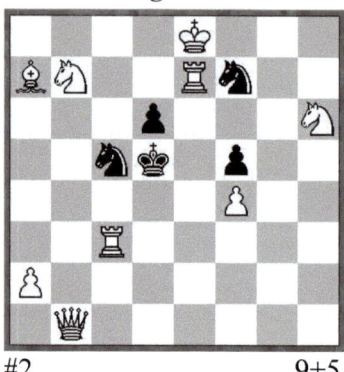

#2   9+5

24

komponiert 2006
Urdruck

s#9   9+6

25

komponiert 1997
Der neue Tag, Januar 2007

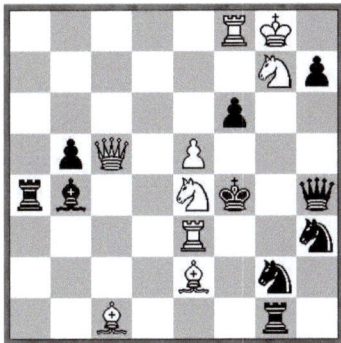

#2 v   9+10

26

komponiert 2006
Die Schwalbe 2/2007

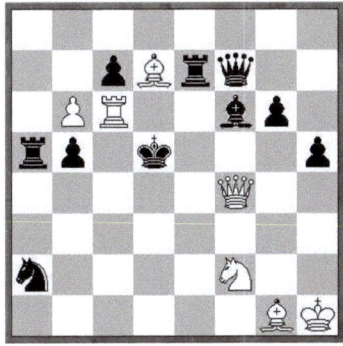

#2*   7+10

27

komponiert 2006
Die Schwalbe 2/2007

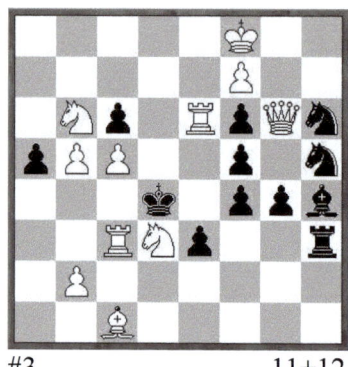

#3   11+12

28

komponiert 2006
Der neue Tag, März 2007

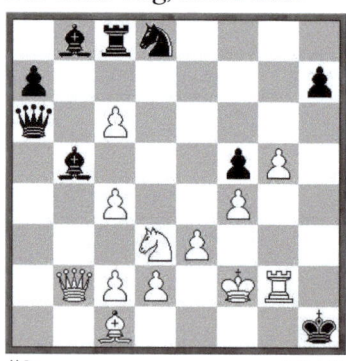

#3   12+9

29

komponiert 2006
Der neue Tag, April 2007

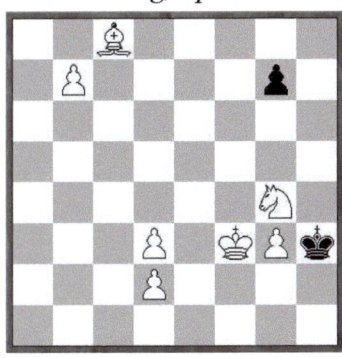

#4   7+2

30

komponiert 2006
Die Schwalbe 4/2007

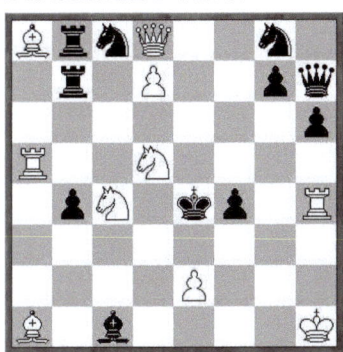

#2   10+11

31

komponiert 1997
Der neue Tag, Juli 2007

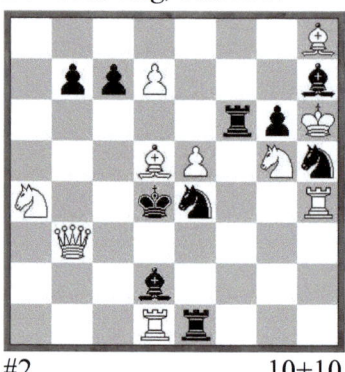

#2   10+10

32

komponiert 2006
Der neue Tag, Dezember 2007

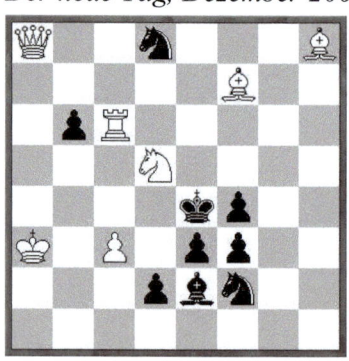

#2 vvv   7+9

33

komponiert 2007
Die Schwalbe 12/2007
Lob (Informalturnier 2007)

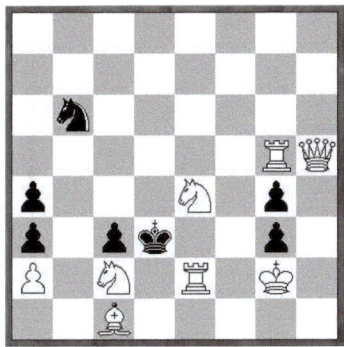

#2   vvv   8+7

34

komponiert 2006
Die Schwalbe 12/2007

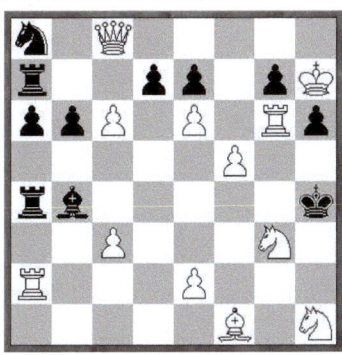

#3   12+11

35

komponiert 1992
Der neue Tag, Januar 2008

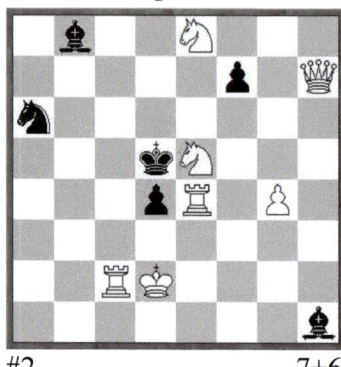

#2   7+6

36

komponiert 2007
Der neue Tag, Februar 2008

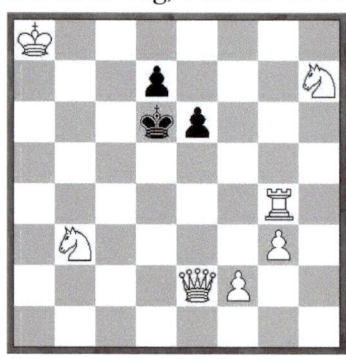

#3   7+3

37

komponiert 2006
Der neue Tag, April 2008

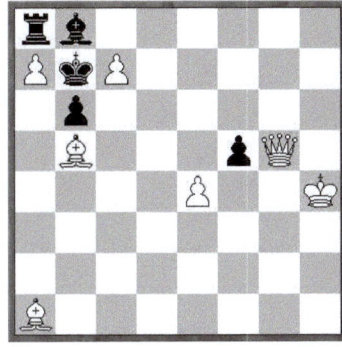

#3   7+5

38

komponiert 2006
Schach 5/2008
2. Lob (Informalturnier 2008/2009)

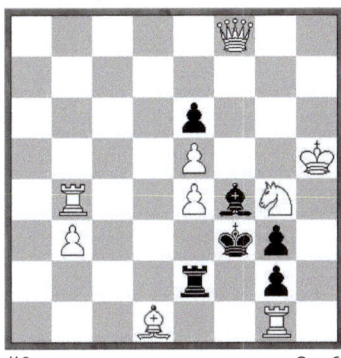

#3   9+6

39

komponiert 1997
Schach 5/2008

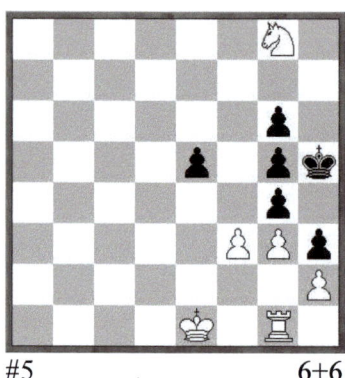

#5   6+6

40

komponiert 1997
Der neue Tag, Juni 2008

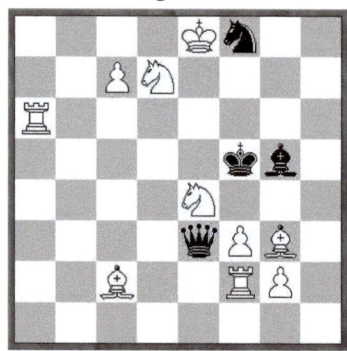

#2   10+4

41

komponiert 2008
Die Schwalbe 6/2008

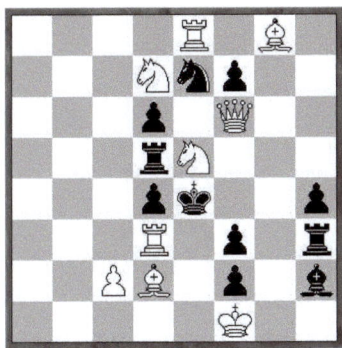

#2 vvv   9+11

42

komponiert 2006
Rochade Bayern 7/2008

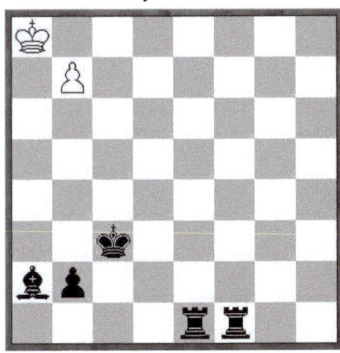

h#3   2+5

43

komponiert 1997
Der neue Tag, August 2008

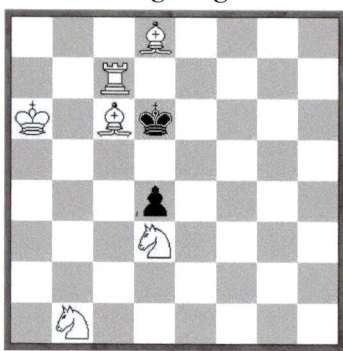

#3   6+2

a) Diagramm
b) plus wBe2, sBe3

44

komponiert 2007
Der neue Tag, August 2008

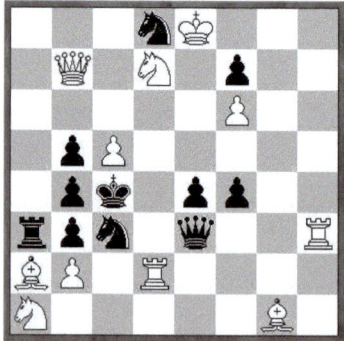

#2 v   11+11

45

komponiert 2008
Die Schwalbe 8/2008

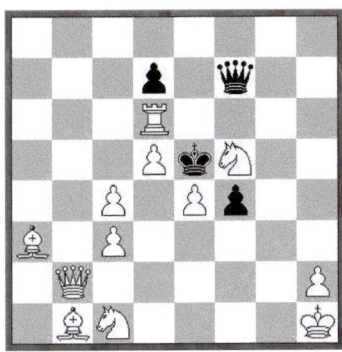

#2   vvvvv   12+4

46

komponiert 2007
Die Schwalbe 8/2008

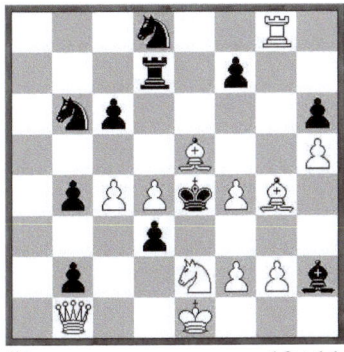

#3   12+11

47

komponiert 2008
Schach 9/2008

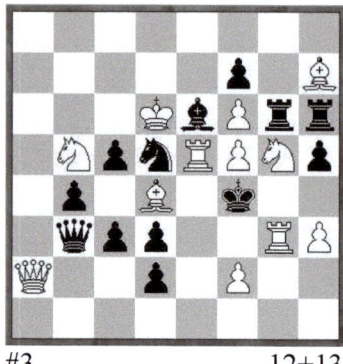

#3   12+13

48

komponiert 2006
Der neue Tag, Oktober 2008

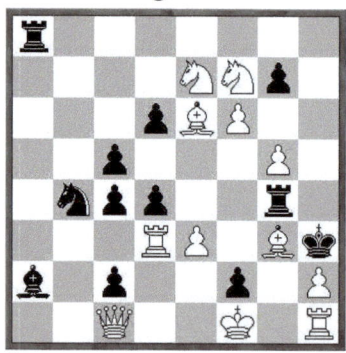

#3   12+12

49

komponiert 2006–2008
Schach 10/2008
3. ehrende Erwähnung (Informalturnier 2008/2009)

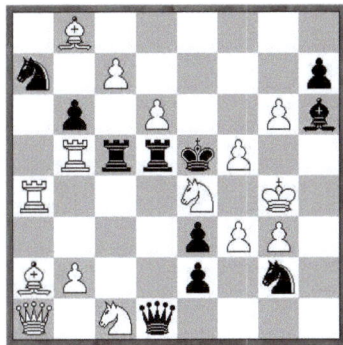

#3   ˌ   15+11

50

komponiert 2007
Die Schwalbe 10/2008

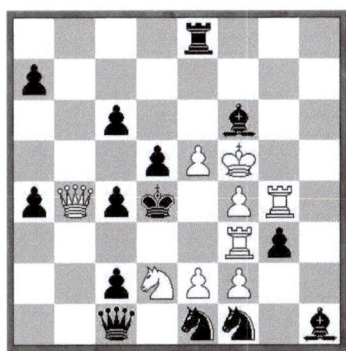

#2*   9+14

51

komponiert 1992
Der neue Tag, Dezember 2008

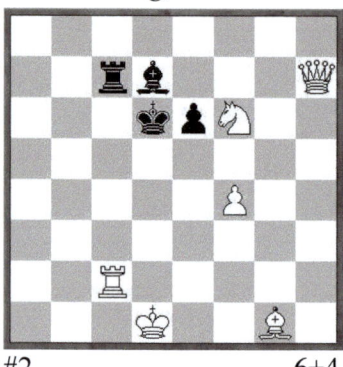

#2   6+4

52

komponiert 1992
Die Schwalbe 12/2008

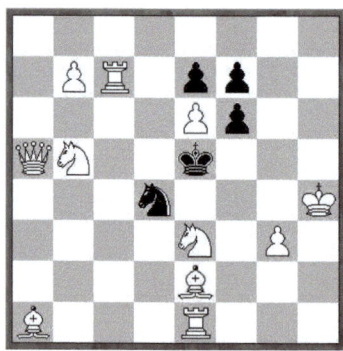

#2   11+5

53

komponiert 1992
Rochade Bayern 1/2009

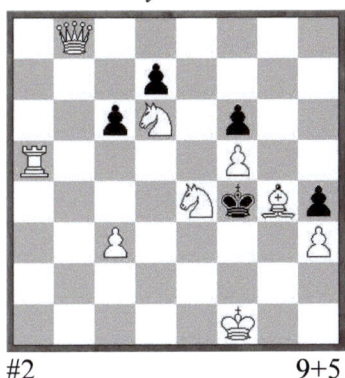

#2   9+5

54

komponiert 1992
Rochade Bayern 2/2009

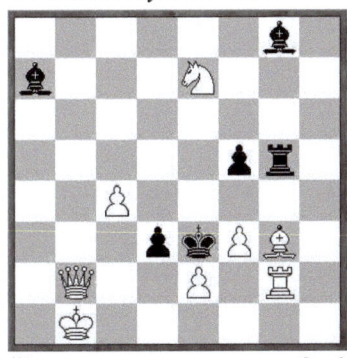

#2   8+6

55

komponiert 1996
Der neue Tag, Februar 2009

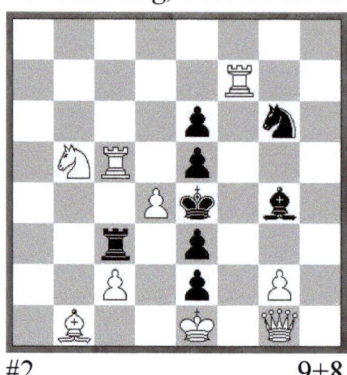

#2   9+8

56

komponiert 2008
Die Schwalbe 2/2009

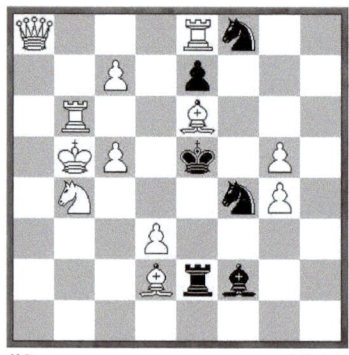

#2 vvv   12+6

57

komponiert 2006, 2007
Die Schwalbe 2/2009

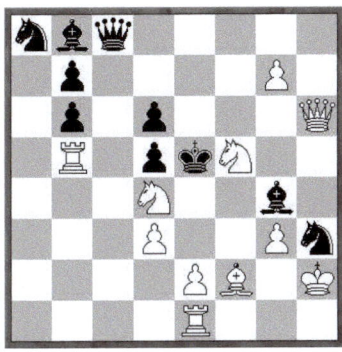

#2*   11+10

58

komponiert 2008
Schach 3/2009

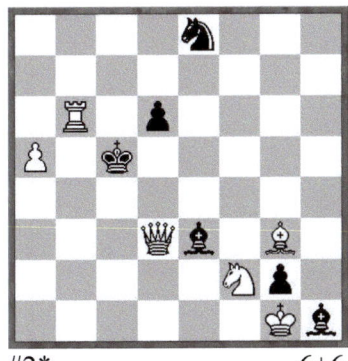

#2*   6+6

59

komponiert 2006
Rochade Bayern 3/2009

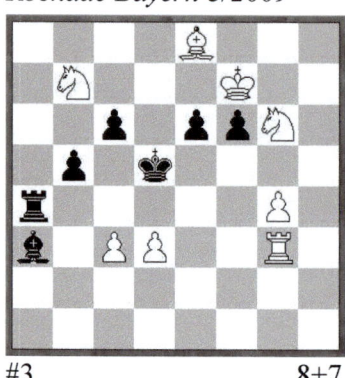

#3   8+7

60

komponiert 1997
Der neue Tag, März 2009

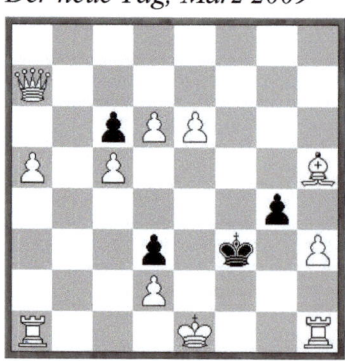

#3   11+4

61

komponiert 2008
Rochade Bayern 4/2009

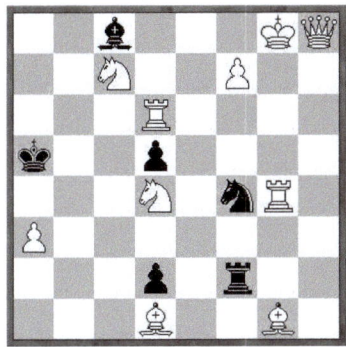

#2 v   10+6

62

komponiert 2007
Die Schwalbe 4/2009

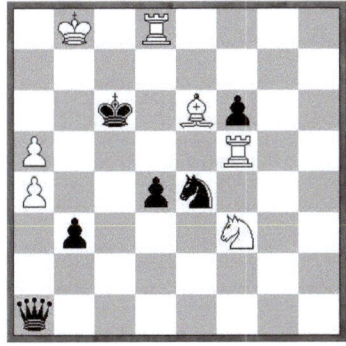

#2 vvvv   7+6

63

komponiert 1997, 2008
Die Schwalbe 4/2009
1. Lob (Informalturnier 2009/2010)

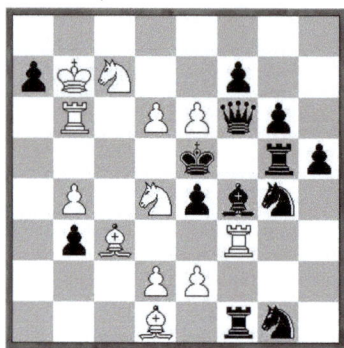

#3   12+13

64

komponiert 2006, 2008
Der neue Tag, Mai 2009

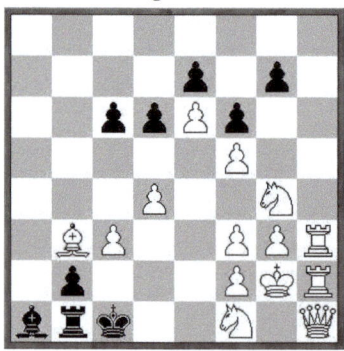

#4   14+9

65

komponiert 1997, 2008
Rochade Bayern 5/2009; Der neue Tag, Juli 2010

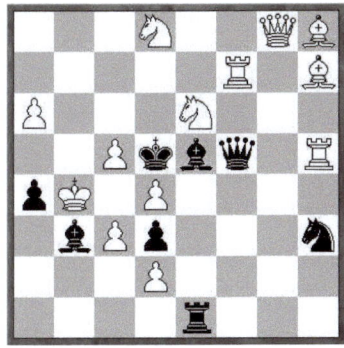

#2 v   13+8

66

komponiert 2008
Schach 6/2009
Lob (Informalturnier 2009)

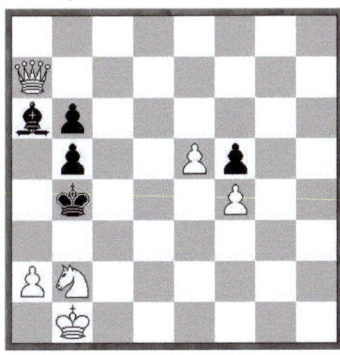

#4   6+5

67

komponiert 2008
Die Schwalbe 6/2009

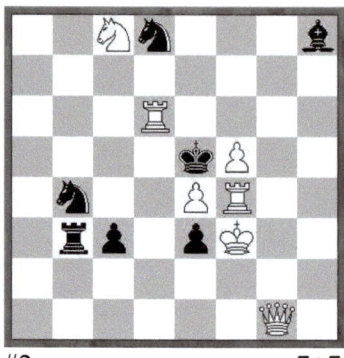

#2 vvv 7+7

68

komponiert 2007
Der neue Tag, Juni 2009; Schach 12/2009

#2* 11+10

69

komponiert 2000, 2006
Der neue Tag, Juli 2009

h#4   3+1
a) Diagramm
b) sKa4 → d1, wTf8 statt wSf8
c) sKa4 → d2, wTf7 statt wSf7

70

komponiert 2006
Rochade Bayern 8/2009

#12   2+10

71

komponiert 2008
Die Schwalbe 8/2009

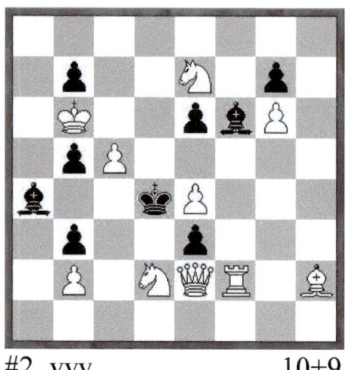

#2 vvv   10+9

72

komponiert 2006
Rochade Bayern 9/2009

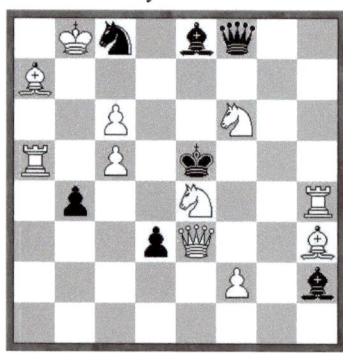

#2   11+7

73

komponiert 2006, 2007
Schach 9/2009

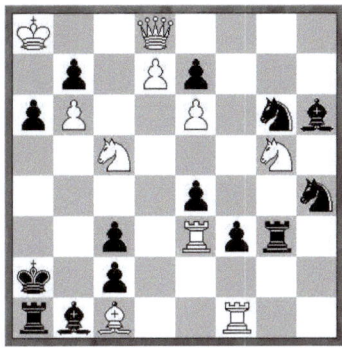

#3   10+14

74

komponiert 1994
Der neue Tag, September 2009; Rochade Bayern 10/2009

#2   8+9

75

komponiert 2008
Die Schwalbe 10/2009

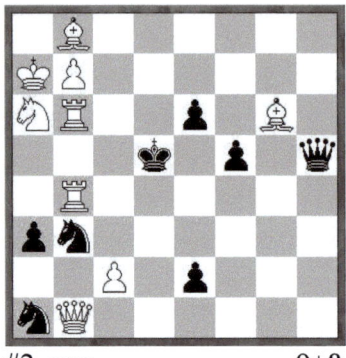

#2 vvv   9+8

76

komponiert 2009
Die Schwalbe 10/2009

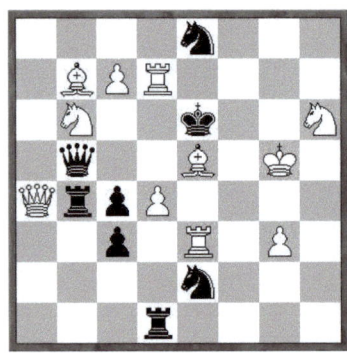

#2 vvvvv   11+8

77

komponiert 2009
Die Schwalbe 10/2009

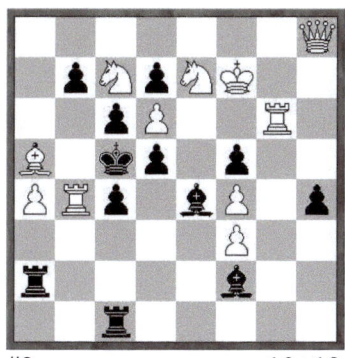

#3   10+13

78

komponiert 2006, 2007
Schach 11/2009

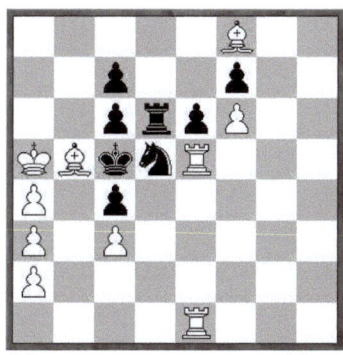

#6   10+8

79

komponiert 2008
Schach-Aktiv 12/2009

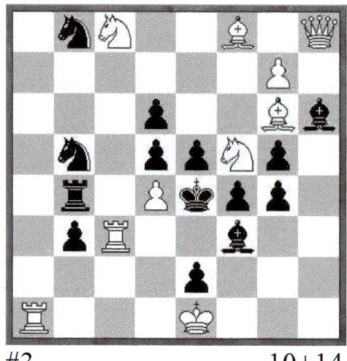

#3   10+14

80

komponiert 2008
Schach 12/2009

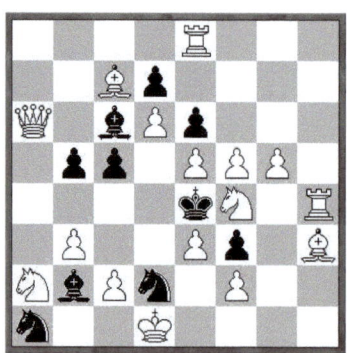

#3   16+10

81

komponiert 2008
Die Schwalbe 12/2009

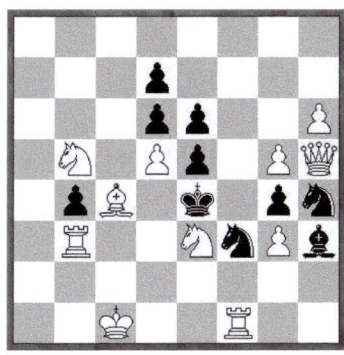

#2*   11+10

82

komponiert 1999, 2009
Die Schwalbe 12/2009
nach Loschinski, Umnow

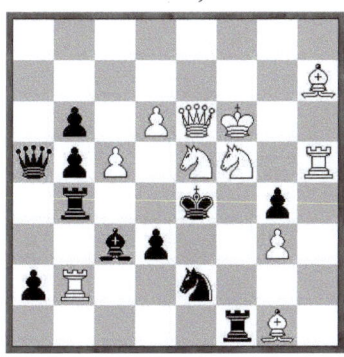

#3   11+11

83

komponiert 1994
Der neue Tag, Januar 2010

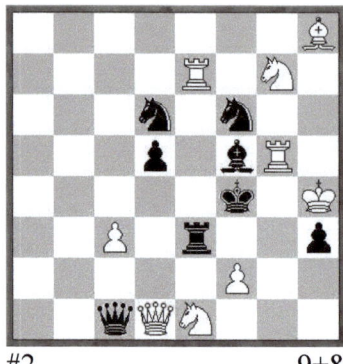

#2   9+8

84

komponiert 1996
Der neue Tag, Januar 2010

#2   3+6

85

komponiert 1992
Der neue Tag, Januar 2010

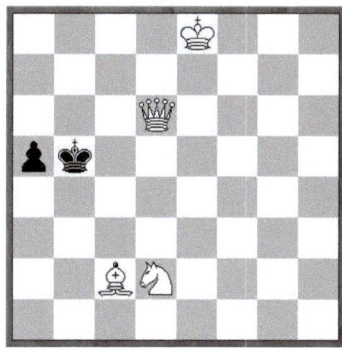

#2   4+2

86

komponiert 1997, 2007
Schach 1/2010

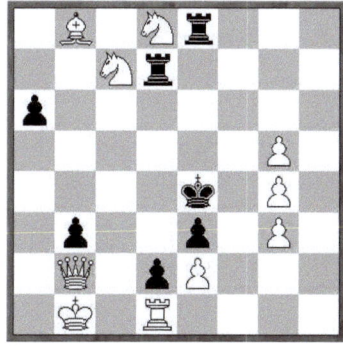

#3   10+7

87

komponiert 2006, 2009
Die Schwalbe 2/2010

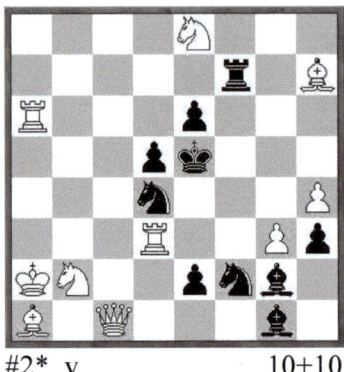

#2* v   10+10

88

komponiert 1997
Der neue Tag, März 2010

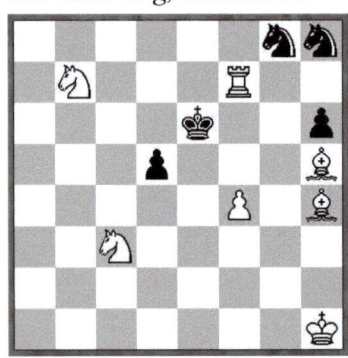

#2   7+5

89

komponiert 2006
Der neue Tag, Mai 2010

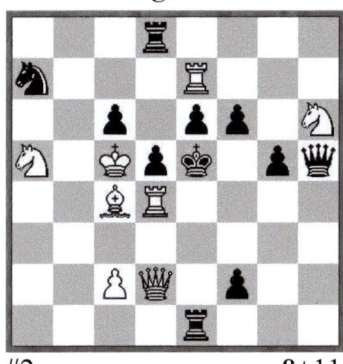

#2   8+11

90

komponiert 1997, 2010
Schach-Aktiv 5/2010

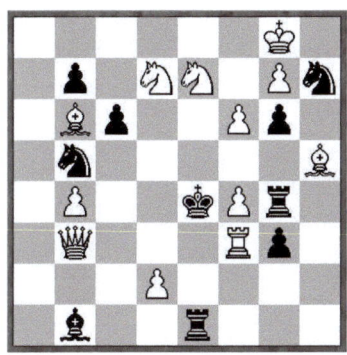

#2*   12+10

91

komponiert 2006, 2009
Die Schwalbe 6/2010
3. Preis (Informalturnier 2010)

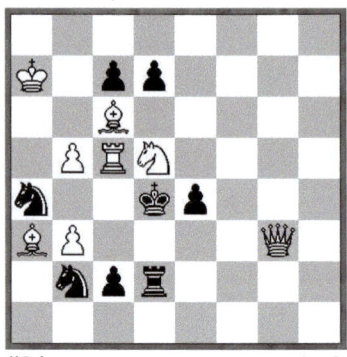

#2* vv   8+8

92

komponiert 2010
Die Schwalbe 2/2011
5. ehrende Erwähnung (Informalturnier 2011/2012)

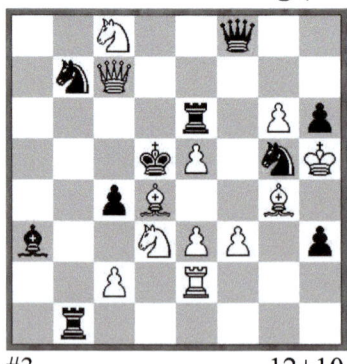

#3   12+10

93

komponiert 2010
Schach-Aktiv 3/2011

#3   10+10

94

komponiert 2008, 2010
Die Schwalbe 4/2011

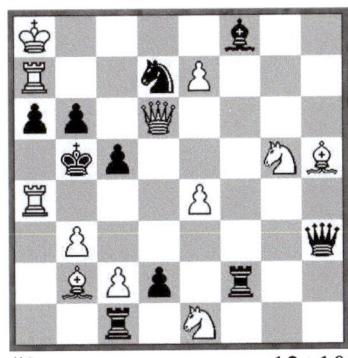

#3   12+10

95

komponiert 1996, 2009
Schach 7/2013

#2* vvv 11+8

96

komponiert 2006
Schach 8/2013

#3 7+11

97

komponiert 1997
Der neue Tag, Juli 2016

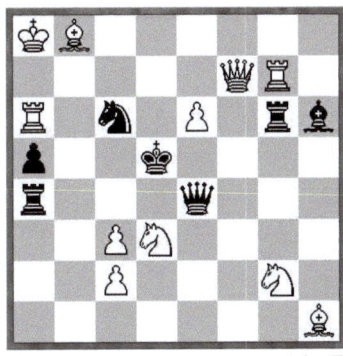

#3   8+5

98

komponiert 1996
Heilbronner Stimme, August 2016; Der neue Tag,
Oktober 2016

#2   11+7

99

komponiert 2007

„Schach-Stunde 39" in Kontakt-Chance, September 2016

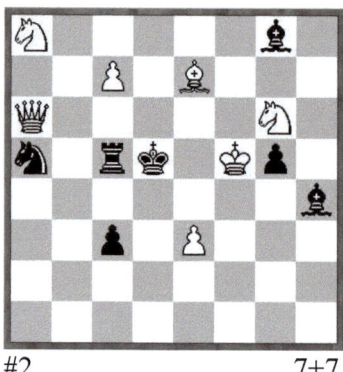

#2   7+7

100

komponiert 1996

Augsburger Allgemeine Zeitung, Oktober 2016

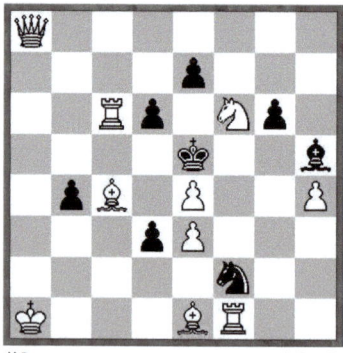

#2   10+8

101

komponiert 1997
Augsburger Allgemeine Zeitung, Oktober 2016

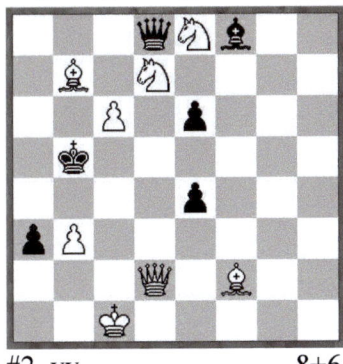

#2 vv   8+6

102

komponiert 1992, 2016
Schach 10/2016

#2   11+10

103

komponiert 2006
Die Schwalbe 10/2016

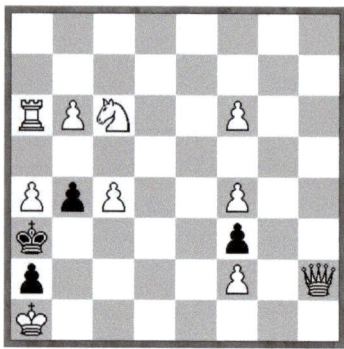

#2, =2, s#2, h#2　　　　10+4

104

komponiert 2006, 2016
Augsburger Allgemeine Zeitung, Dezember 2016

#4　　　　12+8

105

komponiert 1992, 2016
Schach 12/2016

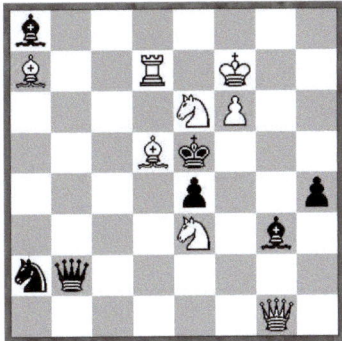

#2 vvvvv   8+7

106

komponiert 2000, 2016
Urdruck

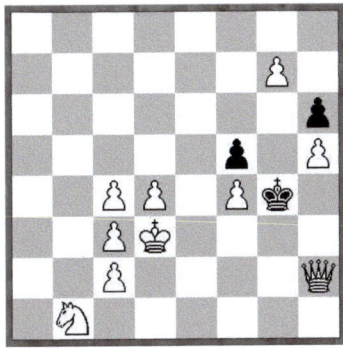

s#9   10+3

107

komponiert 2008
Der neue Tag, Januar 2017

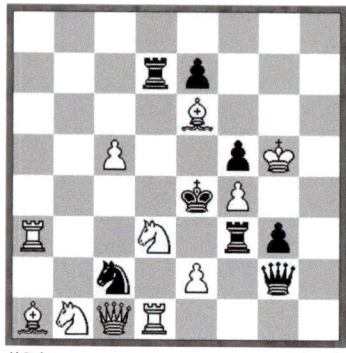

#2*   11+8

108

komponiert 2006
Augsburger Allgemeine Zeitung, Juni 2017

h#2 (3 Lösungen)   9+3

109

komponiert 2016
Der neue Tag, Juli 2017

#3   4+6

110

komponiert 2006
Augsburger Allgemeine Zeitung, November 2017

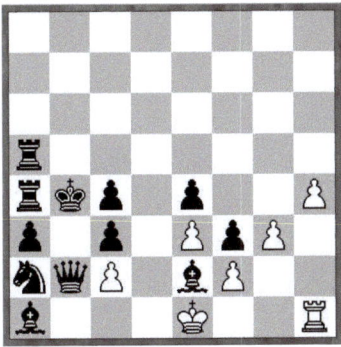

h#4 (2 Lösungen)   7+12

111

komponiert ?
Urdruck

#2 v   10+7

Lösungen

1
a) 1.Db2,De5? (Drohung 2.Dxg7#) f6!
1.Lf6! (Zugzwang) Tg6/Tg8,Kh6 2.Dh8#/Dh2#
b) 1.Da8! (Zugzwang)
c) 1.Db8! (Zugzwang)
Zugwechsel.
„Ein kleines Perpetuum mobile."
Mein erstes veröffentlichtes Problem. Gerade als Elfjähriger nach Deutschland übergesiedelt, schickte ich es Ende 1992 zusammen mit **2** und drei weiteren Problemen (besser gesagt, Proben), die schnell aussortiert wurden, an Hans-Christoph Krumm, den Leiter der Problemschach-Sparte in der Zeitschrift *Schach-Report* (1994 tragisch in den Bergen verunglückt).

2
1.Lxh1? (Drohung 2.Sg2,Sd5#) g2! mit Liniensperre via e4 als Verteidigungsmotiv, nicht Entblockung von g3
1.Dc1,Dd2? (Drohung 2.Sg2,Sxf5#) dxe5!
1.De2? (Drohung 2.Dg4#) Df3/Dh5/Sxe3
2.Dxf3#/Sg2#/Dxe3# aber 1.-Th4!
1.Lg2! (Drohung 2.Sd5#) Txg6+/Dxg2/dxe5/c3/
Sxe3,Se7 2.Sxg6#/Sxg2#/Dxe5#/Sd3#/Dd4#
„… liefert seine zweite Bastelei." (Hans-Christoph Krumm)
„Der Autor hat sein Hauptaugenmerk auf den Rätselcharakter des Schlüsselzuges gerichtet", denn „die fünf bestehenden Satzmatts werden durch den Schlüssel aktiviert."
„Eine Variantenhäufung wie von der Jahrhundertwende." (Hemmo Axt)
„Das ist keine Bastelei, das klingt abwertend, sondern

ein gelungenes Schachproblem."

„Ein recht braves Bubenstück."

„Bemerkenswert." (Ilse Asemissen)

„Ein beeindruckender Zweizüger eines Elfjährigen. Er bekam mit dieser Komposition gute Kritiken im *Schach-Report*." (Georg Böller, Redakteur der „Schachecke" in der Zeitung *Der neue Tag*, Oberpfalz)

Mit sogar einem *Mattwechsel* auf die Parade 1.-Sxe3 (gegenüber der Verführung 1.De2?), obwohl ich mir damals gewiss nicht zum Ziel setzte, Mattwechsel zu kreieren.

3

1. Da3! (Zugzwang) Ke5/f3 2.De7#/De3#
Entfernungsschlüssel im Miniatur-Format.

4

1.Tf4! (Drohung 2.Tf5,Df6#) Sxf4/Kxf4/Ld6/Le6
2.d4#/Df6#/Dxe3#/Dxb8#
Doppeltes Turmopfer im Meredith-Format.

5

1.Df4+! Kxf4/gxf4/Txf4/Lxf4 2.Tf7#/Te5#/Se3#/Le4#
Vierfaches Damenopfer im Meredith-Format mit einem Schachschlüssel.

6

1.Dc8! (Zugzwang) Lxg6/hxg6/Kxg6
2.Dc1#/Dh8#/De6#

7

1.Tc1! (Zugzwang) d4 2.cxd4+ Kd5 3.c4# 1.-g5 2.Tf1
d4 3.Tf5#
Hinterstellungsschlüssel.

8

Satz: 0.-Dd3/Ld3/f3+ 1.Dc4#/Dd4#/Se3#
1.Sd3! (Drohung 2.Sf6#) Lc5/Tc5/f3+
2.Dc4#/Dd4#/Sf4# 1.-Dxc3 2.Sxf4#
Paradenwechsel.
„*Thema A* mit *Grimshaw* auf c5, der durch den *Nowotny*
auf d3 nutzbar wird, das Wieder-Fessel-Kreuzschach
(mit einem *Mattwechsel*) ist dabei klassisches Beiwerk."
(Fritz Hoffmann)
Aus der früheren Schaffensphase ein oftmals zitiertes
Problem.

9

1.Sf6? (Drohung 2.Lh7#) Sa3,Sd4 2.Lh7+ Sc2!
1.La1! (Zugzwang) Kxa1 2.Txb5 f7~ 3.Th1# 1.-f6
2.Txb5+ Ka1 3.Th1# 1.-f5! 2.Lb2 Sb5~ 3.Sc3# 1.-Sb5~
2.Sc3+ Kxa1/Kc1 3.Ta2#/Lb2#
„Eine wunderschöne Mattaufgabe." (Georg Böller)
Mein erster Dreizüger (wenn man die simple **7** nicht
berücksichtigt).

10

1.f4! (Drohung 2.Dd4+ Ke6 3.De5#) Kc4 2.Dd4+ Kb3
3.La4# 1.-gxf3 e. p. 2.c4+ Kd6 3.De7# 1.-gxf6 2.Dd4+
Ke6 3.Dd7# 1.-Sf7 2.Dd4+ Ke6 3.Ld7# 1.-Sf5 2.De4+!
Kxe4 3.Lc6# (Damenopfer mit reinem Matt) 2.-Kc5
3.Dc6#
„Einen begeisternden Anklang fand dieser Dreizüger. Es
war eines der besten Probleme des Jahres 2007!" (Georg
Böller)
Auf den Feldern d7 und c6 gibt es Matts sowohl mit dem
Läufer als auch mit der Dame. Außerdem: Verstellung
der vierten Reihe für den Turm im Schlüsselzug mit
ihrer Räumung in der En-passant-Variante.

11

Der sSg7 darf nicht „getötet" werden, denn dann wäre Schwarz patt.

1.h8S!

Unterverwandlung in einen Springer auf dem vom sK am weitesten entfernten Feld.

1.-Sf5+ 2.Kh7! Sg7! 3.Sf7!! (nur mit dem Springer ist dieser Wartezug möglich, deswegen die Unterverwandlung) Sg7~ 4. Dg1# 2.-Sxd4 3.Dg1+ Tb1 4.Dxb1#
2.-Sg3 3.Dg6 und 4.Db1# oder 4.Dg1#

„Der Schlüsselzug ist raffiniert."

„Interessante und schwierige Begründung der Unterverwandlung."

Vorweggenommen durch Th. Siers, H. Wittwer 1936.

12

1.La8! (Drohung 2.Txf5#) Dd5/Dc6+/Db7+/Dxa8+
2.Lxd5#/Lxc6#/Lxb7#/Dxa8# 1.-Td3/Tc3/Tb3/Txa3
2.Txd3#/Txc3#/Txb3#/Txa3# 1.-f4/Sxh3 2.Se5#/Dxh3#
Schwarze Fesselungen.

13

1.Th3! (Drohung 2.De5#)
Db8/Dxd5/Dxc3/Sd3/f6/f5/Lf6/Te6/Tg5/Lg5
2.Tc4#/Dxd5#/Sxc3#/Lxd3#/e8D,T#/Df3#/Sf2#/Lg2#/
Sf6#/Sg3#
Grimshaw, Dualvermeidung, Entfernungsschlüssel etc.

14

1.Sc3! (Drohung 2.Td5,Te4#)
Totalparaden: 1.-d5/e4 2.Sb5#/Se2#
1.-Lxc6/Sxf6/Sxc3/Se3 2.Da7#/Dg1#/dxc3#/dxe3#
Blocknutzung, Linienöffnung.

15

1.Sf5+! Kf3/Kh5/Kxh3/Kxf5 2.Da8#/Dh8#/Dh1#/De5#
Sternflucht, Vier-Ecken-Dame.
Leider mit einem Schachschlüssel und keine Miniatur
mehr.

16

1.dxe5! (Drohung 2.Dd6#) Lxe5/Txe5/Dxe5
2.Sc3#/Se7#/Sf4# 1.-Txf6/Te6/Dxb4+
2.Dc4#/Db5#/Sxb4#
Selbstfesselungen, Schachprovokation.
„Selbstfesselung mit hübschen Varianten, so ist Zweizü-
ger-Klassik modern nachzufühlen!" (Fritz Hoffmann)
„Fluchtfeldfreigabe für den sK, allerhand!"
„Außer den herrlichen Fesselungs-Mattbildern ist noch
ein wunderschöner Selbstblock mit Deckungsübernahme
durch die wD zu bewundern."

17

1.Lc8! (Zugzwang) d7~/e5/Ke5/Kg5,Sg6/Lg6,g6/g5
2.D(x)d5#/Dg4#/Se2#/Dh5#/Sh3#/De4#

18

1.Ka2! Ta8+ 2.Ta7 Txa7+ 3.Txa7+ Kxg8 4.Ta8# z. B.
2.-Tb8 3.Tgb7+ Kxg8 4.Txb8# 1.-Te8…b8 2.Tf8!
Te2+…b2+ (2.-Txf8 3.Tf7+ Kxg8 4.Txf8#) 3.Ka3!
Ta2+/Te3+…b3+ 4.Lxa2#/L(x)b3#
Siegfried-Strategie wie bei **11**.
Ebenso vorweggenommen durch P. Heuäcker 1925.

19

Satz: 0.-Sb6/c6 1.Txc7#/Txc6#
1.g7? (Drohung 2.gxf8D,L#) Td5!
1.Td8! (Zugzwang) Sb6/c6 2.Dxc7#/Dd6#
1.-a4/Txa3,Tb3,Tc4/Tc2/Tc1/Txd3/Lf7~/Sf8~/

Td5/Te5/Tf5/Th5/Ld4/Le3/Lf2/h5

2.Db4#/D(x)c4#/Txc2#/Dxc1#/Sxd3#/Dxf8#/S(x)d7#/
Txd5#/Dxe5#/Dxf5#/Txh5#/Dxd4#/Dxe3#/Dxf2#/
Dxg5#

„Eine enorme Variantenfülle, ausgelöst durch einen
überraschenden Zugzwang-Schlüssel. Im Variendend-
schungel verbirgt sich das theoretische Maximum von
zwölf verschiedenen Damenmatts. Dieser *Damenkreuz*-
Task ist schon mehrfach dargestellt worden. Die Ver-
knüpfung des weißen Damenkreuzes mit zwei *Mattwechseln zwischen Satz und Lösung* dürfte jedoch der
Aufgabe gegenüber früheren Bearbeitungen die Exis-
tenzberechtigung sichern. Der Damenkreuz-Task ist
nicht ganz einfach zu realisieren, wovon insbesondere
die Mehrfachfortsetzungen im Mattzug zeugen. Nicht
nur diese, auch die meisten der Beispielaufgaben aus der
Literatur kommen nicht ohne Duale/Triale usw. im
Mattzug aus. Doch gerade in Zugzwangproblemen werden Mattmultipel als störend empfunden. Bei dieser
Aufgabe kann man sie als Folge schwächerer schwarzer
Züge deuten und daher tolerieren. Sie wirken aber dennoch wertmindernd." (Preisrichter Frank Fiedler)

20

1.Da7! (Zugzwang) Kd3 2.Da2! b3 3.Db2 Kc4 4.De2#
(MM) 1.-Kb5 2.Sb2 (Drohung 3.Db7+ Ka5 4.Lxb4#
(MM)) Kc6 3.Lxb4 Kb5 4.Db7# MM 1.-Kb3 2.Dc5 z. B.
Ka3 3.Dxb4 Ka2 4. Db2# 1.-b3 2.Da6# (MM)
„Eine hübsche Miniatur mit drei Mustermatts (MM), der
heutigen Mindestanforderung an böhmischen Mattzau-
ber. Der weite Schlüssel ist schön, installiert fortgesetzten Zugzwang und nimmt kein Fluchtfeld, auch wenn er
– nicht untypisch für dieses Genre – ungedeckte Satz-
fluchten allererst in den Griff bekommt, hier gleich drei.
2.Da2 ist ebenfalls ein schöner Zug, wie überhaupt die

gesamte Bewegung der Dame in der Variante 1.-Kd3. Dagegen bereitet 1.-Kb3 Kopfschmerzen, muss man doch mit einem banalen (und unökonomischen) Matt vorlieb nehmen und beide Augen zudrücken, um im trialbehafteten 2.-Ka3 eine ‚schlechtere' Verteidigung als in 2.-Ka2 zu sehen. Soll man dem Nachwuchs heute noch empfehlen, die böhmische Miniatur zu pflegen? Wetten, dass diese Aufgabe Vorläufer oder gar Vorgänger hat?" (Preisrichter Jörg Kuhlmann)

21

1.axb3 e. p.! Txa5+ 2.b5 cxb6 e. p.#
Hierfür ist eine Retroanalyse nötig, dass der letzte Zug von Weiß 0.-b4 war:
Bei Schwarz fehlt nur ein Springer auf dem Brett.
Weiß schlug mit dem g-Bauern diesen sS auf der f-Linie oder g6xSh7, um sich dann umzuwandeln. Folglich fallen Txb5, axb4 oder cxb4, Txc8, Lxe7 als letzte weißen Züge aus.
Schwarz schlug den weißen h-Bauern (der nicht geschlagen und deswegen sich auch nicht umgewandelt haben konnte – schwarzer h-Bauer ist im Weg!) mit einer Figur und die restlichen weißen Figuren und Bauern ausschließlich mit Bauern (acht Schlagfälle der schwarzen Bauern). Folglich konnte auf b8, d7 und f6 keine weiße Figur / kein weißer Bauer von der schwarzen Dame bzw. den schwarzen Läufern geschlagen worden sein in den Retro-Verführungen: 0.Dd6xb8+ Tc6-c8 (ohne eine weiße Figur auf b8 (0.Dd6-b8+?) stünde der wK im Schach des sTa8!), 0.Lc6xd7+ Ke8-d8 und 0.Lc8xd7+ Tc8 sowie 0.Lxf6+ Le7.
0.e6+ Ld6-e7 ist ebenfalls nicht möglich, da der schwarzfeldrige sL nicht mehr auf seinem Grundfeld f8 ist.
„Öffnung von gleich vier weißen Linien in einem Zug,

dazu Aktivblock auf b3!"
Ein (nicht einzigartiger, aber trotzdem vielleicht seltener?) h#2, der mit dem En-passant-Schlag beginnt und endet.

22

1.Dh2? Lg2! 1.Dh1? Sxd2!
1.Da7! (Drohung 2.Df2#) Sd4/Sxd2/Le2
2.Te2#/Lxd2#/Td1#
„Ist mit seinen Verführungen hochinteressant. Diese Zweizüger in nicht so überhäufter moderner Form gefallen mehr den Nachvollziehenden!" (Georg Böller)

23

1.Te6! (Zugzwang) Kxe6/Kc6/Kd4/Sc5~/Sxe6/Sf7~
2.Dxf5#/Txc5#/Dd3#/D(x)b3#/Dh1#/Txd6#
Ypsilon-Flucht.
„Wer rechnet da schon mit einem ganz einfachen Zugzwang-Geschehen?" (Wolfgang Reindl)
„Es muss ja nicht immer das Modernste sein, das gefällt. Der Otto-Normallöser zählt auch im Ablauf von Problemen!" (Georg Böller)

24

1.Ld2+ Ka6 2.Sc1+ La4 3.Txc5+ Sb5 4.Sb4+ Ka5 5.Dc7+ Tb6 6.Lf5 f6 7.Lc8 f5 8.Te5 f4 9.Sd5+ Sc3#

25

1.Sg5? (Drohung 2.S5e6#) Ta6!
1.Sd6! (Drohung 2.Se6#)
Se1/Sxe3/Sg5/Kg5/Dg3/Dg4/Dg5
2.Tc3#/Dxe3#/Txf6#/Tg3#/Te4#/Tf3#/Dd4#
„Ein Glanzstück." (Georg Böller)

26

Satz: 0.-Te5/Le5/Txd7/cxb6 1.Dd2#/De4#/De4#/Dd6#
1.Sg4! (Drohung 2.Tc5#) Te5/Le5/Txd7/cxb6
2.Dd4#/Se3#/Df3#/Td6# 1.-b4 2./Dc4#
„Vier *Mattwechsel zwischen Satz und Lösung*. Ansehnliches Erstlingswerk."
„Guter Einstand."
„Klassischer Zweizüger mit Mattwechseln zwischen Satz und Lösung, darunter ein wechselseitiger *Grimshaw*. Hübsch ausgedacht."
„Mehrfach Mattwechsel, gefällt mir."
„Gutes Problem." (Silvio Baier)
Ist natürlich kein Erstlingswerk, aber ein Einstandswerk in der weltweit renommierten Problemzeitschrift *Die Schwalbe*.

27
1.Dxh6? (Drohung 2.Sxf4) Lg5 2.Se1 Lxh6+!
1.Dg5! (Drohung 2.Sxf4 (mit der Drohung 3.Tc4#,Se2#)
Sxf4 3.Dxf4#) Lxg5,Le1 2.S(x)e1 und 3.Tc4#/Sc2#
1.-fxg5 2.Se5 und 3.Tc4#/Sxc6# 1.-Lg3 2.Lxe3+ fxe3
3.Dxe3# 1.-Tf3 2.Td6+ Ke4 3.Tc4# 1.-e2 Tc4+ Kxd3
3.Td6# (mit Blocks auf f3 bzw. e2 und
entsprechendem Reziprokwechsel der Turmzüge Td6+
und Tc4+) 1.-Sxf7 2.Dxf5 (Drohung 3.Tc4#,Te4#,De4#)
Se5 3.Td6#
„Dieses Einstandswerk [in der Dreizüger-Abteilung] wurde von den kommentierenden Lösern sehr positiv aufgenommen." (Martin Wessels)
„Ein guter Schlüssel mit recht verästelten Varianten! Das war nicht einfach. Der Autor hat ein solides Werk zum Einstand geliefert. Da kann man noch mehr erwarten!"
„Ein Strauß von Abspielen mit Block, Hin- und Weglenkung und den dazugehörigen Probespielen. Ansehnlich."
Doppeltes Damenopfer im Schlüssel, sechs Varianten.

Mein erster „moderner" Dreizüger (mit stiller Drohung) und eines der Lieblingsprobleme.

28

1.Kf1? (Drohung 2.Sf2#) Lxc4!
1.Db1? (Drohung 2.Lc1~#) Da2! (nicht 1.-Da1? 2.Dxa1)
1.Dg7? (Drohung 2.Dxh7#,Dh6#) h5!
1.Dh8! (Drohung 2.Dxh7#) Tc7 2.Kg3 1.-Txc6 Kf3 mit jeweils 3.Sf2# 1.-Db7 2.Da1! Da6/Dg7 3.La3#/Lb2#
„Der Autor komponierte (‚baute' wäre untertrieben) hiermit ein hervorragendes Dreimatt. Selbst der Problemkenner Georg Niestroj aus Hiddenhausen sprach darüber seine Anerkennung aus. Am schwierigsten im Problem ist das Erkennen der Verführungen ..." (Georg Böller)

29

1.Kf2! (Zugzwang) g6 2.b8S! g5 3.Sd7 Kxg4 4.Sf6#
1.-g5 2.Kf1! Kxg3 3.b8D+ Kf3/Kh3,Kh4 4.Sh2#/Dh2#
Unterverwandlung in einen Springer.
„Einfach ist die Aufgabe gar nicht, sondern sogar sehr ansprechend." (Wolfgang Reindl)

30

1.Db6! (Drohung 2.De6#)
Kf5/Txb6/Sxb6,Sd6/Lb2/Dg6/Df5
2.Sc3#/Sf6#/S(x)d6#/Txf4#/Dxg6#/Dd4#
„Ungedeckte Satzflucht und Schlüssel durch die Abseitsfigur."
„In allen Abspielen wird dem Feldpaar e4/f5 die Deckung genommen."
„Klassische Batterie-Spiele."
„Ein guter Dame-Auswahlschlüssel."
„Sonst weitgehend Schweigen der Kommentatoren."

31

1.Lg8? (Drohung 2.Dc3#) Lxg8!
1.Lf7! (Drohung 2.Dc3#)
Txd1/Tf4/Sf4/Tc6,Te6,Txf7Tf3/Te3,Kxe5
2.Txe4#/Se6#/Sf3#/Txd2#/d8D,T#/Dd5#
Schwarze und weiße Entfesselung.

„Der Zweizüger hat es in seiner Vielfalt in sich. Es sind im Ganzen 20 Figuren auf dem Parkett und damit auch einige Ellen an Zügen. Also genug zum Aufspüren des Schlüsselzuges, von dem der Zweizüger ja leben soll. Wir meinen – auch im Sinne von Leserwissen: Zweizüger sind wohl nur eineinhalb Züge, aber trotzdem nicht einfach!" (Georg Böller)

32

1.Se7? (Drohung 2.Lg6#) Sxf7 2.Td6# aber 1.-Kd3!
1.Sb4? (Drohung 2.Lg6#) Sxf7 2.Tc5# aber 1.-Kf5!
1.Td6? (Drohung 2.Lg6#) Sxf7 2.Se7# 1.-Kd3 2.Sb4#
aber 1.-Kf5!
1.Tc5! (Drohung 2.Lg6#) Sxf7 2.Sb4# 1.-Kd3 2.Sb4#
1.-Kf5 2.Sxe3#
Reziprokwechsel von Erstzügen und Mattzügen zwischen zwei Verführungen und der dritten Verführung und der Lösung (Springerzüge-Turmzüge) bei gleichbleibenden Drohung und Parade (= *Vierphasenmatt* auf 1.-Sxf7).

„Der Zweizüger ist – so meinen wir mit den Lesern – ein Klassestück. Und ebenso klasse ist der Schlüssel!" (Georg Böller)

33

1.Df7? (Zugzwang) Kxe2 2.Df1# aber 1.-Sb6~!
1.Dxg4? (Drohung 2.Sc5#) Kc4 2.Sf2# aber 1.-Sd7!
1.De8? (Zugzwang) Kxe2 2.Sf2# (*Paradenwechsel*)
1.-Kc4,Sb6~ 2.Db5# 1.-Sc4 2.Sc5# (*Drohmatt-*

Rückkehr) aber 1.-Sd7! (gleiche Widerlegung, aber mit anderem Motiv!)

1.Dg6! (Zugzwang) Kxe2/Kc4/Sb6~/Sc4! 2.Sxc3#/Sd6#/Da6#/Sxg3#

Vier *Mattwechsel zwischen Verführungen und Lösung.*

„Schöne Matts, aber die Satzflucht 0.-Kxe2 ist nicht abgesichert." (Peter Heyl)

„Netter kleiner Mattwechselzweier." (Silvio Baier)

„Nicht ganz einfaches Problem in lockerer Stellung. Wir können von dem Autor noch mehr erwarten!"

„Auf beide Königsfluchten und auf beliebige und die *fortgesetzte Verteidigung* des schwarzen Springers [1.-Sc4 in der Lösung] – also auf alle schwarzen Züge – gibt es Mattwechsel, und eine *zweite fortgesetzte Verteidigung* [1.-Sd7] widerlegt, das ist ausgezeichnet."

„Überraschender Zugzwang, allerhand Inhalt."

„Allerlei Mattwechsel. Eine Aufgabe, die vor 40 Jahren ziemlich modern gewesen wäre." (Preisrichter Franz Pachl)

34

1.De8? (Drohung 2.Txg7 und 3.Dh5#) Sc7!

1.Df8? (Drohung 2.Dxg7 mit der Drohung 3.Dd4#,Dxh6#,Tg4#,Txh6#) h5! 2.Txa4 (mit der Drohung 3.Txb4#,Dxe7#) d5!

1.f6? (Drohung 2.Sf5+ Kh5 3.Shg3#) dxe6 2.Dxe6 aber 1.-Ta5!

1.Dh8! (Drohung 2.Dxg7#) h5 2.Kg8! und 3.Dxh5#

1.-La3 (2.Dxg7? h5!) 2.e3 (Drohung 3.Th2#) Lb2 3.Txa4#

„Ein guter Hinterstellungsschlüssel ins Eck. Einige Verführungen bereichern das Spiel."

„Auswahlschlüsselzug der wD, Sekundärparade des sLb4, aber auch materialintensiv. Und: Alle Abspiele sind bereits als Satzspiele vorhanden. Es gilt also nur noch, den passenden Schlüsselzug zu finden, der alles aufrechterhält."

„Die Fehlversuche 1.De8? und 1.Df8? sind spektakulär, 1.Txa4? und 1.e3? sind dagegen etwas schlichter, können jedoch thematisch von Bedeutung sein, da sie in den Varianten wieder auftauchen. Die Lösung basiert auf einem hübschen Schlüssel, aber im Grunde ist alles nach dem zweiten Zug beendet, was durch die fortgesetzte Verteidigung durch den sL noch unterstrichen wird. Der Autor soll weitermachen und auch noch interessante dritte Züge finden!"

„Nach dem spektakulären Schlüssel ist schon alles vorbei." (Silvio Baier)

35

1.Sg6! (Drohung 2.Se7#)
Ld6/Le5/Lf4+/f5,fxg6/Kxe4/Lxe4
2.Sf6#/Txe5#/Sxf4#/Db7#/Dxh1#/Dxf7#
Schachprovokation, Doppelopfer.

„Nicht unbedingt ein hochmoderner Zweizüger, aber dafür schöner zum Lösen! Zusammen sind es nur 13 Figuren, und das ist zudem etwas fürs Auge." (Georg Böller)

36

1.Tg8! (Zugzwang) Kc7,Kc6 2.Dc4+ Kb6/Kd6
3.Tb8#/Dc5# 1.-Kd5 2.Db5+ Kd6/Ke4 3.Dc5#/Sg5#
1.-e5 2.Da6+ Kc7/Kd5/Ke7 3.Tc8#/Sf6#/Df6# (*Ypsilon-Flucht*) 1.-Ke7 2.De5 d6,Kf7/d5 3.Dg7#/Dc7#
Vier Fluchtfelder, vier Varianten.

„Ein besonders schöner Dreizüger. Bernhard Hevecke vom SC Hirschau probierte sich stark daran! Prinzipiell will der Löser etwas Aktives machen, und das ist es hier eben nicht! Die Schwierigkeit besteht darin, dass es hier eben ein ganz einfacher Abwartezug ist. So etwas mit

Nulldrohung wird hoch eintaxiert, lässt sich aber auch schwer herausbringen." (Georg Böller)

37

1.Dg8! (Drohung 2.c8D+,Dxb8+,axb8D+,cxb8D+) Lxc7
2.Lc6+! Kxa7/Ka6/Kxc6 3.Dxa8#/Da2#/Dd5#
1.-Lxa7 2.Dxa8+! Kxa8/Kxc7 3.Lc6#/Le5# 1.-Kxc7
2.Dg7+ Kc8,Kd8/Kd6 3.Dd7#/De5# 1.-Kxa7 2.Dc8
(Drohung 3.Da6#) (2.c8D? Lg3+!) Lxc7 3.Dxc7#
„Wieder einmal vorzüglich. Puuh, was für eine Menge
Mattbilder! Ein Damenopfer wie bei 1.-Lxa7 2.Dxa8+
begeistert einfach immer wieder, wie dies überhaupt eine
begeisterungsfähige Schachaufgabe ist. Wer etwas mehr
von der Materie zu verstehen gibt, versucht es unter dem
Slogan ‚Auf der Suche nach Harmonie‘!" (Georg Böller)

38

Schwarz ist patt.
1.Tb5? Kxe4 2.Db4+ Kd3!,Kf5!,Kf3!
1.Tb6? Kxe4 2.Db4+ Kf5,Kf3!
1.Tb7? Kxe4 2.Db4+ Kf3!
1.Tb8! Kxe4 2.Db4+ Kd3/Kf5/Kf3/Kd5
2.Td8#/Tf8#/Db7#/Dc4#
„Hübsches Schachrätsel."
„Bahnungsschlüssel, Platzwechsel von Dame und Turm
und *Sternflucht* des schwarzen Königs."
„Hübsch verpackte Sternflucht."
„Ganz im klassischen Stil."
„Die ausgenudelte Sternflucht-Thematik wird durch den
‚*fortgesetzten Angriff*' des weißen Schlüsselturms
(1.Tb5???, 1.Tb6??, 1.Tb7?, 1.Tb8!), der erst im Mattzug sichtbar wird, lobenswert angereichert. Der wTg1
piekt allerdings mächtig." (Preisrichter Frank Richter)

39

1.Kf2! (Zugzwang) gxf3 2.g4+ Kh4 3.Se7 und 4.Sxg6#
Hauptvariante mit drei glasklaren Abspielen: 1.-e4!
2.Te1! e3+ 3.Txe3 gxf3 4.Te5 Kg4 5.Sf6# 2.-gxf3
3.Txe4 g4 4.Te6 Kg5/g5 5.Te5#/Th6# 2.-exf3 3.Sh6!
Kxh6 4.Te7 Kh5 5.Th7#
„Nettes, kleines Schachrätsel."
„Erstaunlich variantenreich mit hübschen Mattbildern."

40
1.Lh2! (Drohung 2.g4#) Dxe4+/Se6/Lf6/Db6/Dxf3/Df4
2.Lxe4#/Sd6#/Txf6#/Sc5#/Sg3#/Sef6#
Entfesselung etc.

41
1.Sg4? (Drohung 2.Sxf2#) Te5!
1.Sc6? (Zugzwang) Le5!
1.Sxf3? (Zugzwang) Tf5 nur 2.Dxd4# aber 1.-Lg3!
1.Sxf7! (Zugzwang) Te5 2.Sxd6# (*Mattwechsel*) 1.-Le5
2.Sg5# (2.Dg6,Lh7?) 1.-Lg3 2.Dxf3# 1.-Tg3 2.Df4#
(1.-Td5~/Lf4,Lg1 2.Txd4#/D(x)f4#)
Doppelter Grimshaw, Springer-Auswahlschlüssel mit
drei Verführungen, die jeweils von drei der vier Grims-
haw-Züge widerlegt werden (leider nicht von allen vier).
„Angesichts der drohenden Fluchtfeldschaffung(en) auf
d5 war der Schlüssel für mich selbstverständlich."
„Die doppelte Widerlegung der Se5~-Verführung stört
mich sehr; dem Lg8 wird erst in der Lösung Leben ein-
gehaucht."
„Altbekannt, doch immer wieder schön anzusehen."
„Auswahlschlüsselzug des wSe5 und schwarze Verstellungen auf e5 und g3. Hübsch inszeniert."
„Jammerschade, dass es keine Verführung gibt, die an
1.-Tg3! scheitert." (Silvio Baier)

42

1.b1L! b8L! 2.Kb2 La7 3.Ka1 Ld4#
Jeweils *Unterverwandlung* in einen Läufer, zwei gleich-
feldrige schwarze Läufer im Mattbild.

43

a) 1.Sd2! Ke6 2.Tg7! (Zugzwang) Kd6/Kf5
3.Tg6#/Ld7#
b) 1.Ld7! Kd5 2.Tc4! (Zugzwang) Kxc4/Kd6/Ke4
3.Le6#/Txd4#/Sc3#
„Der Dreizüger-Zwilling ist gespickt mit Mattbildern.
Doch laut Autor eben nicht rein genug, um Mustermatts
zu sein. Wir haben diese Anhäufung von Matts trotzdem
als schön empfunden. Welche Version halten unsere
Leser für besser?" (Georg Böller)

44

Starke Verführung: 1.Da7? (Drohung 2.Se5#)
Dxd2/Dxc5 2.Sb6#/Dxc5# aber 1.-Sc6! (sSd8 kann e5
decken, aber nicht b6)
1.Th5! (Drohung 2.Sb6#) Dxd2/Dxc5 2.Se5#/Txc5#
1.-Sa4,Sd5 2.D(x)d5# (sSc3 kann b6 decken, aber nicht
e5) 1.-Ta6 2.Lxb3#
Le Grand mit einem zusätzlichen Mattwechsel (auf 1.-
Dxc5).
„Da ist schon eine starke Suchschiene anzulegen, weil es
sich um einen ganz modernen Zweizüger handelt. Der
Autor hat dabei schon etwas Anspruchsvolles gebaut.
Die Felder b6/e5 bezeichnet der Komponist als ‚Schlüs-
selfelder'. Es gibt fast nichts Schwierigeres, als einen
modernen Zweizüger richtig zu verstehen." (Georg Böller)

45

1.Df2? (Drohung 2.Dd4#) f3 2.Dg3# aber Dxd5!
1.Dd2?/Db6? (Drohung 2.Dd4#) Dxd5 2.Dxd5#/Txd5#

aber 1.-f3!
1.De2?/Dg2? (Drohung 2.Sd3#) Dxd5 2.exd5#/Dg7#
aber 1.-De6!
1.Db8! (Drohung 2.Te6#) Dxd5 2.Dh8#
Fünfphasenmatt auf 1.-Dxd5.
„Fünf Verführungen durch die wD, leider scheitern jeweils zwei davon an derselben Widerlegung." (Wilfried Seehofer)
„Hübsches Dame-Dame-Duell. Eine reife Leistung eines Nachwuchskomponisten."
„Nette Verführungs-Task-Kleinigkeit, wenngleich (wohl zwangsläufig) in jeder Phase verschiedene weiße Figuren nachtwächtern."
„Die Dame hat eine reichliche Auswahl von d2 bis g2 sowie b6, stolpert aber wahlweise über 1.-Dxd5, 1.-f3 oder 1.-De6."
„Ein fünffacher Mattwechsel auf 1.-Dxd5 und ein dreifacher auf 1.-f3. Nur 1.Db8 zerschlägt den Gordischen Knoten. Aber die Materialnutzung (La3) ist sicher nicht optimal." (Silvio Baier)
„Das trifft auch auf den Sc1 zu." (Hubert Gockel)

46
1.Lh3! (Drohung 2.g4 und 3.Lg2# – Platzwechsel von Schlüsselläufer und wBg2 (2.-Kf3 3.Dxd3#)) Se6
2.Lf5+! Kxf5 3.Dxd3# 1.-Sxc4 2.Dxd3+! Kxd3/Kd5
3.Lf5#/Df3# 1.-Sd5 2.Tg3 (Drohung 3.Dxd3#
Se3,Sxf4/Lxg3 3.T(x)e3#/Sxg3# 1.-Lxf4/Txd4 2.f3+
Ke3 3.Lxf4#/Lxd4# 1.-f5 2.g3 und 3.Lg2# bzw. Dxd3#
„Ausgezeichneter Schlüsselzug mit stiller Drohung, schönes Variantengeflecht u. a. mit Fernblocks und konsekutivem wD- bzw. wL-Opfer – mit haushohem Abstand der beste Dreizüger diesmal, trotz des winzigen Duals!"
„Sehr guter Schlüssel, stille Drohung und ein reichhalti-

ges Variantenspiel mit Damen- bzw. Turmopfer, was will man mehr?"
„Ist mit seinen Blöcken und den beiden analogen Hineinziehungsopfern sehr inhaltsreich! Die Drohung war nicht so einfach zu finden. Ein schönes Rätsel, das auf weiterhin gute Probleme vom Autor hoffen lässt!"
„Zwei Fernblock-Varianten mit Opfer und Zugvertauschung in sehr opulenter Darbietung." (Silvio Baier)
Nach monatelangen Fehlversuchen entstandenes Problem.

47

1.Tf3+? Kxg5 2.fxe6+ Kh4 3.?
1.Te4+? Kxf5 2.Kxc5 (Drohung 3.Sd6#) Dc4+!
1.Dxb3? (Drohung 2.Dc4,Dxd5,Dd1) Txg5! und 2.-Txg3
1.Da8! (Drohung 2.Le3+ Sxe3 3.De4#,Df3# – Damenmatts auf e4 und f3) cxd4 2.Sxd4 (Drohung 2.Te4# – einzelnes Turmmatt auf e4) Txg5 3.Tf3# (2.-Lxf5 3.Txf5#) 1.-d1S 2.fxe6 (Drohung 3.Tf3# – einzelnes Turmmatt auf f3) Txg5 3.Te4# (sS auf d1 verhindert die Verteidigung 2.-Dd1)
Le Grand im Dreizüger.
„Tausch der Droh- und Mattzüge nach derselben Parade. Schön."
„Vollzügige Drohung mit versteckten Pointen."
„Die Aufgabe sollte ohne den Drohdual und mit einheitlichen Varianten aufstellbar sein." (Preisrichter Frank Richter)
Deswegen wurde sie nicht ausgezeichnet.

48

1.e4! (Drohung 2.g6 mit der Drohung 3.Sg5# (2.-gxf6 3.Dh6#)) gxf6 2.gxf6 und 3.Sg5# oder 3.Dh6# 1.-g6 2.Sh6 und 3.Lxg4# 1.-cxd3 2.Kxf2 und 3.Df1# 1.-c3

2.Ke2 und 3.Df1# 1.-Tf8,Th8 2.Tf3! und 3.Lxf2#
„Herrlich dieser Dreizüger. Den Plan muss der Löser erst einmal finden und die Figuren entwirren! Uns gefiel es … Wirklich super. Ein Ausbund an Schwierigkeiten, mit ganz hinterhältiger Lösungsidee. Eine verwirrende Schachaufgabe, deren Plan schwer zu erkennen ist. Der Autor hat damit ein Meisterwerk geschaffen." (Georg Böller)
Ich finde „Meisterwerk" übertrieben, da das Problem mehr einen Rätselcharakter als eine Thematik hat.

49
1.gxh7! (Drohung 2.h8D,L+ Lg7 3.D,Lxg7#) Txc7 2.b3+ Tc3 3.d7# 1.-Txd6 2.b4+ Td4 3.c8~# (1.-Lg7 2.f4+ Sxf4 3.gxf4#)
„Der Autor zeigt schon beachtliche Fähigkeiten. Der kleine Mattdual ist geschenkt."
„Schlüssel, Drohung und das Matt c8~# zeigen, dass das nicht auskomponiert ist." (Silvio Baier)
„Anspruchsvolle Kombination von Halbfesselung und Halbbatterie mit interessanter *Dualvermeidung*, basierend auf den Verstellungen der weißen Linien a2-d5 bzw. a4-d4. Kleinere technische Mängel mindern den guten Eindruck." (Preisrichter Frank Richter)
Eine unter langwierigen Mühen entstandene Aufgabe, trotzdem „nicht auskomponiert". Was natürlich trotzdem stimmt.

50
Satz: 0.-Txe5+/Se3+ 1.fxe5#/fxe3#
1.Sxc4! (Drohung 2.Sc4~#)
Txe5+/Se3+/Sd2,Dd2/Db1,Db2/Da3/a5/Tb8/Le7 2.Sxe5#/Sxe3#/Sxd2#/S(x)b2#/Sxa3#/Sxa5#/Sb6#/Sd6#
1.-Dxf4+/c5/dxc4/Sd3 2.Tgxf4#/Dc3#/Dd6#/Txd3#
Fleck, weißes Springerrad, zwei Mattwechsel zwischen

Satz und Lösung.

„Komplett differenziertes Springerrad."

„Reichhaltiges reelles Spiel, aber keinerlei Verführungen."

„Vollständige Differenzierung einer siebenfachen Fleck-Drohung sowie fünf Totalparaden, ferner zusätzliche Schachprovokation und hübsche Mattwechsel zum Satz. Sehr schön."

„Als (Fleck-)Thema sicher nicht mehr neu, aber mit dem ein weiteres Gegenschach provozierenden und zwei Mattwechsel generierenden Schlüssel ein pfiffiges Stück! Ich konnte die Matrix aus meiner Sicht konstruktiv ein wenig verbessern ..." (Klaus Förster)

„Ein erstaunlicher Task mit einigen Totalparaden."

„Das ist gediegene Klassik." (Silvio Baier)

„Freuen wir uns auf weitere Kostproben vom Können dieses Autors in den kommenden Ausgaben!" (Hubert Gockel)

51

1.Df7! (Drohung 2.Df8#)

Tc7~ auf der c-Linie/Ld7~/Lc6/e5

2.Dxd7#/Dxc7#/Lc5#/Se4#

„Der Zweizüger konnte Freude bereiten. Nur zehn Steine, mit feiner und klarer Darstellung der Idee. So ein Zweizüger mit so wenig Material kommt bei den Lesern besser an, als wenn das ganze Brett mit Figuren ‚vollgenagelt' ist. Eine Prima im Namen der Schachleser!" (Georg Böller)

52

1.Sf5! (Zugzwang) Kd5/Kxe6/Kxf5/Ke4

2.Lc4#/Sbxd4#/Ld3#/Sc3# 1.-fxe6/Sbd6#

„*Kreuzflucht* des schwarzen Königs."

„Der Schlüssel mit wS-Opfer gibt zwei zusätzliche

Fluchtfelder, sodass ein sK-Kreuz entsteht, wobei aber die vorhandenen sK-Fluchten im Satz nicht abgedeckt sind."

„Abbau der Halbbatterie mit vier Fluchtfeldern für den sK." (Wilfried Seehofer)

„Angesichts der ungedeckten Satzflucht und Fluchtfeldschaffung ein selbstverständlicher Schlüssel."

„Sicher nicht leicht zu konstruieren, aber ein Block eines sB im Schlüsselzug, der zudem stark 1.-f5 mit Fluchtfeldschaffung verhindert, ist keine Zierde." (Silvio Baier)

„Schöner Auftakt." (Klaus Förster)

6. Lob im Informalturnier 2008 (Preisrichter Miodrag Mladenovic) wurde nachträglich aberkannt aufgrund der Vorgängerrecherche von Wieland Bruch.

53

1.Sc5! (Zugzwang) Ke5/Kg5/Kg3/Ke3
2.Sd3#/Sf7#/Sde4#/Sc4#
Sternflucht.

„Der Autor bringt einen Zweizüger mit Motiven aus der Vergangenheit." (Georg Böller)

54

1.Kc1! (Drohung 2.De5#)
Lb8/d2+,Ld4/dxe2/Ld5/f4/Tg4
2.Db6/D(x)d2#/Dc3#/Sxd5#/Lf2#/Sxf5#
Schachprovokation.

„Der Autor meinte: eines seiner älteren Probleme. Doch muss es schwach sein, weil es vielleicht alt ist?" (Georg Böller)

55

1.Dh1! (Zugzwang)
Ta3,Tc4/Txc5/Tb3/Td3/Txc2/exd4/Sg6~/Lf3/Lf5/Lh5/

Lh3
2.c3#/c4#/cxb3#/cxd3#/Lxc2#/Sd6#/Txe5#/gxf3#/g3#/
g4#/gxh3#
Doppelter Albino.
„Sehr löserfreundlich. Uns scheint es so, als ob sich der
Schlüssel etwas aufdrängen könnte. Doch das machen
die vielen und schönen Abspiele wieder wett." (Georg
Böller)

56
1.Txe7? (Drohung 2.Sc6#) Kd4 2.Da1# (schon im Satz
vorhanden) 1.-S8xe6 2.Dh8# aber 1.-Lxc5!
1.Dh1? (Drohung 2.Dh8#) 1.-S8xe6 2.Sc6# *Le Grand*
1.-Kd4 2.Da1# aber 1.-Sf8~!
1.Df3? (Drohung 2.Dxf4#) Kd4 2.Sc6# (*Dombrowskis-
Paradoxon* und *Mattwechsel*) 1.-Le3/Te3 2.De4#/Lc3#
(*Grimshaw*) (1.-S8xe6 2.Sc6#) aber 1.-S8g6! (*fortgesetzte Verteidigung*)
1.Le3! (Drohung 2.De4#,d4#) (*Nowotny*)
Totalparade: 1.-Txe3 2.Da1# (*Mattwechsel* bezüglich
1.-T(x)e3, *Paradenwechsel* bezüglich 2.Da1#)
(Verteidigungen des sSf4 in allen Phasen werden mit
2.D(x)d5# beantwortet)
Nicht ganz gelungener Versuch, *Le Grand* und *Vier-
Ecken-Dame* zu verknüpfen, dazu *Dombrowskis-
Paradoxon*, *Grimshaw* und *Nowotny* in weiteren Phasen.
„Vier-Ecken-Dame etc.; das sieht ganz interessant aus,
wirkt aber noch ein wenig unausgereift."
„Insgesamt erscheint die Aufgabe trotz schöner Idee
dadurch leider nicht ganz ausgereift."
„Eher ein abschreckendes Beispiel dafür, wie man The-
men nicht verbinden soll, zum Beispiel ist der Te8 sehr
unterbeschäftigt."
„Schade, nur zwei Totalparaden gegen die Doppeldro-
hung. Außerdem sprang der Nowotny auf e3 sofort ins

Auge."

„Gefällt mir nicht, ich vermisse die gedankliche Klarheit der Darstellung." (Karl-Heinz Siehndel)

„Ich persönlich würde mich Andreas Witt anschließen wollen. Der sehr schöne Le Grand, die in allen vier Brettecken auftauchende und alle vier Brettkanten entlanglaufende weiße Dame sind exzellent! Die Mattduale, die Mehrfachwiderlegung und der Fluchtfeldraub des Schlüssels sind unkonventionell, aber nicht übermäßig wertmindernd." (Hubert Gockel)

Der reiche – wenn auch, zugegeben, chaotisch miteinander kombinierte – Inhalt wurde wohl von den Wenigsten in seiner Gänze gesehen. Es sind eben nicht nur Le Grand und die Vier-Ecken-Dame. Und das alles bei relativ wenig Steinen.

57

Satz: 0.-Dc6,Dc5/Sc7/Lf3/Sf4
2.De6#/Dxd6#/exf3#/gxf4# 0.-De6/Dxe6#
1.e4? (Drohung 2.Txd5#) Dg8!
1.Se3! (Drohung 2.Txd5#) Dc6,Dc5/Sc7/Lf3/Sf4
2.Sxg4#/Sc4#/Sxf3#/Dxf4# 1.-De6 2.Sc4# 1.-Kxd4
2.Df6#

Vier *Mattwechsel zwischen Satz und Lösung.*

„Fünffacher Mattwechsel [wenn man 0.-De6 bzw. 1.-De6 dazuzählt] – das macht natürlich Spaß."

„Wieder max-imale Schwierigkeit bei lockerem Umgang mit Halbnachtwächtern."

„Sehr stark." (Andreas Witt)

„Ein ganz ordentliches Problem unserer Nachwuchsstars mit gutem Schlüssel und Mattwechseln; schade um einen ebenfalls [wie in **56**] vorhandenen kleinen Dual."

„Zwar viele Mattwechsel zwischen Satzspiel und Lösung. Die Mattduale in der Lösung auf 1.-Dc4 und 1.-Dg8 sind aber nicht zu übersehen. Gefällt mir nicht."

(Karl-Heinz Siehndel)

„Guter Mattwechsel! Der wTe1 ist überflüssig! Druckfehler?"

„Nein, er wird eben nur im virtuellen Spiel gebraucht." (Hubert Gockel)

58

Satz: 0.-d5/Ld4/Le3~ auf der Diagonale c1-h6
1.Dc3#/Db5#/Se4#
1.Lh2? Lxf2+! 1.Lh4? Se8~!
1.De4! (Zugzwang) d5/Ld4/Le3~ auf der Diagonale
c1-h6 2.Db4#/Dc6#/Sd3# 1.-Lxf2+/Se8~ 2.Lxf2#/Lxd6#
Zugwechsel-Meredith mit drei *Mattwechseln zwischen Satz und Lösung.*

59

1.Ld7! (Drohung 2.Lxe6#) c5 2.Kxf6 (Drohung 3.Se7#)
c4 3.Sf4# 1.-Te4 2.dxe4+ Kc4/Kxe4 3.Lxe6#/Lxc6#
„In den zwei Abspielen eine klare und übersichtliche Darstellung." (Georg Böller)

60

1.Dg7! (Drohung 2.Dxg4#) Ke4 2.Dg5 Kd4,g4~/Kf3
3.Ta4#/Dxg4# 1.-Kf4 2.Ta4+ Kf5/Kf3,Kg3
3.Lxg4#/Dxg4# 1.-Kg2 2.De5 Kf3/Kxh1/g3/gxh3
3.0-0#/Kf2#/De4#/Dh2#
„Einmal muss ja eine Rochade vorkommen, und das ist hier auf 2.-Kf3 die kurze. Die lange Rochade kommt diesmal nicht zum Einsatz." (Georg Böller)

61

1.Sd4~? (Drohung 2.Dc3#) Se2/Tf3 2.Ta4#/Lb6# aber
d4!
1.Dh3! (Drohung 2.Dc3#) Se2/Tf3 2.Sb3#/Sc6#
Anti-Lewman.

„Der Autor ist zu einer beachtlichen deutschen Zweizüger-Größe aufgestiegen, das dokumentieren seine Veröffentlichungen in der klasse Problemrubrik bei Udo Degener in der Zeitschrift *Schach* … Da kann man nur sagen: schwierig! Oder fachlich: *Mattwechsel*. Ja, leicht sind die Zweizüger von diesem Autor nicht." (Georg Böller)
Klare Darstellung des Themas, ganz ohne Nebenspiel.

62
Satz: 0.-Sc5 1.Ld5#
1.T*b*5? (Drohung 2.Ld5# – *Rückkehr als Drohmatt*) Dxa4!
1.Lc4? (Drohung 2.L*b*5#) Dxa4 2.Sxd4# aber 1.-Sd6!
1.Tdd5? (Drohung 2.Ld7#) Sd6 2.Tc5# aber 1.-Sc5!
1.L*c*8? (Drohung 2.Lb7#) Sd6 2.Ld7# (*Drohmatt-Rückkehr, Dombrowskis-Paradoxon*) aber wiederum 1.-Sc5!
1.Tfd5! (Drohung 2.T*c*8#) Sd6 2.T8xd6#
Thema: In vier Verführungen droht der wL auf allen Sternfluchtfeldern des sK matt; *Dreiphasenmatt* auf 1.-Sd6.
„Beinahe-Meredith mit wL-Stern in den Verführungs-Drohungen; netter Einstieg."
„Schade: sehr sparsam mit Varianten. Aber der Wert liegt in den Verführungen." (Wilfried Seehofer)
„Vier verschiedene Läufer-Drohmatts scheitern, das einzige einer anderen Figur ist erfolgreich – deshalb ist die Lösung schon versteckt." (Andreas Witt)
„Viele Verführungen, die Lösung selbst mit nur einer Variante ist etwas mager." (Peter Heyl)
„Dieser L-Stern wollte bei vielen nicht so recht aufgehen …" (Hubert Gockel)

63

1.d7! (Drohung 2.Sdb5+ Kf5 3.Sd6#) e4~ 2.Sxb3+
Ke4,Kf5 3.Lc2# 1.-Sg4~ 2.Sc2+ Kf5 3.S(x)e3# 1.-Sxe2
2.Sxe2+ Kf5 3.Sg3# 1.-S(T)xf3 2.Sxf3+ Kf5 3.Sh4#
1.-Lxd2 2.Sf5+ Lxc3 3.Tb5# 1.-Dxe6 2.Sdxe6+ Kf5
3.Sg7# 1.-De7 2.Sc6+ Kf5/Kd6 3.Sxe7#/Sxa7#
Komplettes *Springerrad* der weißen Zweitzüge mit Drohung, also mit Drohvariante acht Varianten, davon
sechsmal *Siers-Rössel*.

„Dieser Task wurde auch von Theodor Siers selbst bereits realisiert (1946). Auch wenn somit im Kern nicht
mehr originell, fand diese Aufgabe dennoch guten Anklang." (Hubert Gockel)

„Siers-Rössel und wS-Stern. Gut gemachte Klassik."
(Silvio Baier)

„Siers-Rössel mit vollständigem Springerrad in wirklich
pfiffiger Konstruktion! Als besonders attraktiv habe ich
auch die zusätzlich vorhandene Variante 1.-De7 2.Sc6+
Kd6 3.Sxa7#! empfunden."

„Abgesehen von ein paar Schönheitsfehlern hat der Autor ein Klasseproblem konstruiert, das sicher viel Arbeit
bereitet hat."

„Die Siers-Batterie feuert aus allen Rohren!"

„Immerhin sechs Abzüge des Siers-Rössels, das ist auch
heute noch eine Kraftleistung."

„Springerrad. Nicht neu, aber man braucht doch immer
etwas Geisteskraft, um die Sache rund zu bekommen."
(Preisrichter Piet le Grand)

64

1.f4? c5 2.Kf3 cxd4! (c4?) oder 2.Kg1 c4! (cxd4?)
1.Sxf6! (Drohung 2.Se4 und 3.Sf1~#) exf6 2.e7 mit
3.e8D,T und 4.D(T)e1# 1.-gxf6 2.Th8! mit 3.T2h7 und
4.Dh6#) 1.-d5 2.Sd7! (Drohung 3.Se5,Sc5) c5 3.Sxc5
und 4.Sd3#

„Die Stellung reizt zum Lösen. Gefährlich sind in der

Darstellung der Schlüsselzug und auch die Schwerfiguren-Demonstration auf der h-Linie. Ein Viermatt guter Klasse." (Georg Böller)
Der sLa1 ist übrigens der umgewandelte schwarze a-Bauer.

65
1.De8? (Drohung 2.Dc6#) Dxe6 2.Dxe6# aber 1.-Ke4!
1.a7! (Drohung 2.a8D,L#) Dxe6 2.Td7# 1.-Dxf7/Ke4
2.Sc7#/Dg2#
Halbfesselung, *Halbbatterie*, ein *Mattwechsel*.
„Immer wieder diese giftigen Zweizüger!! ... Es klappt der unwahrscheinliche Schlüssel 1.a7! Der Komponist selbst ist davon nicht so begeistert, fand aber keine Alternative dazu. Es ist immer wieder interessant, was so ein Problemkünstler alles in seinen Werken sieht, speziell im Zweizüger!" (Georg Böller)

66
1.Kc2? Lb7! (1.-Ka5 2.Kb3 1.-Ka3 2.Sd3) 2.Dxb7 Ka5
3.Dc6! Ka6/b4/Kb4 4.Da8#Da4#/Dc3# aber 2.-Kc5!
(3.De4? b4 4.Dc4# aber 3.-fxe4!)
1.a3+! Kxa3 2.Kc2! Kb4 (2.-Ka2,b4 3.Dxa6#) 3.De7+
Ka5 4.Da3# 1.-Kc3 2.Dxb6! Kd2 (b4 3.De3+ Ld3
4.Dxd3#) 3.Df2+ Kc3 4.De3# 1.-Kc5 2.Dd7 (Drohung
3.Dd6#) b4 3.Dd6+ Kb5 4.Dd5# 1.-Ka5 2.Sa4!
(Zugzwang) Kxa4 3. De7 und 4.D(x)b4# 2.-b4 3.Dxb6+
Kxa4 4.Dxb4# 2.-bxa4 3.Da8! b5/Kb5 4.Dd8#/Dd5#
(1.-Kb3 2.De7 und 3.Db4#)
Sternflucht mit Freigabe noch eines weiteren Fluchtfeldes im unerwarteten *Schachschlüssel*.
„Ein hartes Stück Arbeit."
„Ein großartiges Schachrätsel à la Giegold." (Jürgen Ippenberger)
„Ein kniffliges Zugzwang-Rätsel mit der stillen Pointe

2.Sa4!"

„Ein unglaublich schwieriges, unkonventionelles Schachrätsel."

Auch eines der Lieblingsprobleme.

67

1.Dd1? (Drohung 2.Dd4#) Sc2,Sbc6 2.Dd5# aber
1.-Sd3!
1.Dxe3? (Drohung 2.Dd4#) Sc2,Sbc6 2.Dc5# 1.-Sd5/Se6
2.exd5#/Txe6# aber 1.-c2!
1.Dg8? (Drohung 2.Dxh8#) Sd5/Se6 2.Dxd5#/Dxe6#
1.-Sf7/Lg7 2.De8#/Dxg7# aber 1.-Lf6!
1.Dg5! (Drohung 2.f6#) Sd5/Se6 2.Txd5#/fxe6#
1.-Sf7/Lf6 2.De7#/Dxf6#
Sagoruiko mit zwei zusätzlichen Mattwechseln.

„Recht verführungsreich mit hübschen Mattwechseln; Batterieaufbau in der Lösung und in einer der Verführungen; ein ordentlicher Einstieg in die Serie."

„Erstaunlich viel Inhalt für die sparsame Stellung. Die symmetrische Konzeption erleichtert hier die Realisierung, und die Verführung 1.Dd1? passt nicht recht dazu. Der Tf4 schaut etwas traurig drein." (Klaus Förster)

„Jeweils B, T und D schlagen Sd5 und Se6." (Silvio Baier)

„Fleißige Dame."

68

Satz: 0.-exd4 1.Df4#
1.Dg3,Dh3? Dh5!
1.Dg1! (Drohung 2.c4#)
exd4/Lc4/Tc4/Lf2/Tf2/Ld3/Tc3/Txc2/Te3 2.Dxd4#/
Sc3#/c3#/Dxg2#/Sg3#/cxd3#/Sxc3#/Sc5#/Dxe3#
Doppelter Grimshaw, Pseudo-Schiffmann-Parade
1.-exd4 mit *Mattwechsel.*

„Die Zweizüger von diesem Autor haben es meistens

mächtig in sich, so auch dieser, der eine Menge Inhalt vorweisen kann." (Georg Böller)
„Reichhaltiges schwarzes Spiel, um die Öffnung der weißen Batterie zu verhindern."
„Ein Strauß bunter Verstellungsmotive."
„Schöne Klassik: zweimal Grimshaw."
Aufgrund eines Missverständnisses ist es zu einer Doppelveröffentlichung gekommen.

69
a) 1.Kb5 Sh7 2.Kc6 Sd8+ 3.Kd7 Sc6 4.Ke8 Sf6#
b) 1.Ke2 Kg7 2.Kf3 Kf6 3.Kg4 Se5+ 4.Kh5 Th8#
c) 1.Ke3 Tg7 2.Kf4 Sg6+ 3.Kg5 Sf4+ 4.Kh6 Tg6#
Wenigsteiner.
„Uns hat Version a) mit der Reiterei am besten gefallen." (Georg Böller)

70
1.Ke3! Ta4 2.Kd4 Ta3 3.Kd5 Ta4 4.Kc6 Ta3 5.Kxb5 Ta4 6.Kxa4 b5+ 7.Kxb3 nun z. B. Lb6 8.Dh8 Ld4 9.Dxd4 Lc2+ 10.Kxc2 b3+ 11.Kxb3 b4 12.Dxb2#
Minimal mit wD.
„Zwölfzügige Seeschlange, zu welcher der Komponist selbst zwei Anläufe brauchte. Denn: Bei sooo langer Bauernwalze kann immer wieder ein Hauch von Illegalität vorkommen?! Das war in Stafette eins der Fall, was der Komponist nun ausschaltete." (Georg Böller)

71
Satz: 0.-exf2 1.Sf3# 0.-Lf6~,exd2 1.?
1.e5? (Zugzwang) exd2 2.Tf4# aber noch 1.-Lf6~!
1.Tf3? (Drohung 2.Dxe3#) exd2 2.Dd3# aber 1.-Lg5!
1.Tf5? (Zugzwang) exd2/Lf6~/exf5/b4 2.Lg1#/L(x)e5#/Sxf5#/Dc4# aber 1.-e5!
1.Tf4! (Drohung 2.Sf3#) exd2 2.e5# (1.-Ke5 2.Sf3#)

Salazar, Vierphasenmatt auf 1.-exd2, Fluchtfeldfreigabe.

„Vier verschiedene Matts auf 1.-exd2 inkl. Salazar, interessanter Versuch. Teils schöne Mattwechsel." (Klaus Förster)

„Variantenarm, dafür liegt der Wert in den thematischen Fehlversuchen." (Wilfried Seehofer)

„Das schwarze Gegenspiel ist dann doch etwas mau." (Silvio Baier)

„Schade, dass auf 0.-exd2 kein Satzmatt existiert." (Jürgen Ippenberger)

72

1.De1! (Drohung 2.Da1#) Kd4+/Dd6+/Dxf6
2.Sg3#/cxd6#/Sc3# (1.-b3 2.Dc3#)
Fluchtfeldfreigabe mit Schachprovokation, in allen drei Varianten jeweils Batterie.

73

1.Kxb7? Sf5! 2.Da8 Sd6+
1.De8? Sf8! 2.d8D (Drohung 3.Da4#,Dd5#) Sd7!
1.Db8! (Drohung 2.Dxb7 mit der Drohung 3.Dxa6#, Dxd5#) Se5 2.Sxe4 und 3.Sxc3# 1.-Sf4 2.Txe4 und 3.Ta4# (Schlagen auf demselben Feld e4) 1.-Txg5 2.Txc3 und 3.Ta3# 1.-a5! 2.Da7! (deswegen nicht 1.Dc8? oder 1.Dc7?) und 3.Dxa5 bzw. 3.Dxa4#
„Zwar verführungsreiches Spiel, aber mit überladener Stellung. Gefällt mir nicht." (Karl-Heinz Siehndel)
„Versteckter Auswahlschlüssel. Die Rolle des Tf1 ist aber dürftig."
Aus der gleichen Idee wie bei **34** entstanden. Typisch: meines Erachtens dieses Problem besser als **34**, aber viel knappere und negativere Kritik.

74

1.La3! (Zugzwang)

Sa4~/Sb6~/Sd5/Tb8/Txc7/f6/f5/Lxd4/Le5,Tg7/Lf6/Lg7/
h5 2.S(x)c5#/d5#/Ld7#/Te7#/Sxc7#/De4#/Dd6#/Sxd4#/
D(x)e5#/Dg4#/Dxf7#/Sg5#
„Variantenreicher Zweizüger aus der Schatzkiste."
(Georg Böller, der das ihm zum 80. Geburtstag gewid-
mete Problem gewollt an zwei Stellen veröffentlichte)

75
Außerthematische Verführung: 1.Ld6? (Drohung
2.Sc7#) Dh7!
1.Lf4? (Drohung 2.Td6#) e5!
1.Tf4? (Drohung 2.c4#) Sa5,Sd2/Sxc2 2.Db5#/Dxb3#
aber 1.-Sd4!
1.Le8! (Drohung 2.Lc6#) e5/Sd4 2.Td6#/c4#
1.-Sa5/Dxe8 2.T6b5#/Dh1#
Dombrowskis mit einem zusätzlichen *Mattwechsel* (auf
1.-Sa5).
„Weiß versucht, den Gegner zu Blocks mit Selbstverstel-
lung zu überreden, aber der hustet ihm was. Ganz ge-
meines Teil."
„Altbekanntes Dombrowskis-Schema mit einem zusätzlichen Mattwechsel; nichts wirklich Neues."

76
1.Da8? (Drohung 2.Dxe8#) Dxd7/Sxc7,Sg7
2.Lf4#/Dg8# aber 1.-Sd6,Sf6! und 1.-Dc5!
1.c8D? (Drohung 2.Dxe8#) Dc5 2.Tc7# aber 1.-Sd6,Sf6!
1.Sf5? (Drohung 2.Te7#) Dxd7 2.Dxd7# (*1. Mattwechsel*) aber 1.-Dc5!
1.Sd5? (Drohung 2.Te7#) Dc5 2.Le5~# (*2. Mattwechsel*)
Dxd7! 2.Lf4# 1.-Kxd7 2.c8D# (Rückkehr der Verführung als Spielmatt) 1.-Dxd5 2.Lxd5# aber 1.-Dc6!
1.Td5? (Drohung 2.Le5~# – *Rückkehr als Drohmatt*)
Dxd5 2.Dxe8# (*3. Mattwechsel, Drohmatt-Rückkehr*)
1.-Sd6/Sf6 2.Lxd6#/Lxf6# 1.-Ke7/Txd4/Sxg3

2.Ld6,Lg7#/Lxd4#/Lxg3# aber 1.-Td3!
1.Sf7! (Drohung 2.Sd8#) Dxd7/Dxe5+ 2.Dxd7#/Txe5#
Thema: unter anderem Differenzierung der Widerlegungen, die als Varianten wiederkehren.

„Das erzeugte mehr Verwirrung denn Begeisterung, sodass HR beispielsweise sich ‚not amused' zeigte und auch für MH die Aufgabe ‚kein Vergnügen' war." (Hubert Gockel)

„Man hat die Lösung und fragt sich: Wo sollen da die fünf (doch hoffentlich thematischen) Verführungen stecken?"

„Bei diesem Wust von Verführungen sehe ich keinen roten Faden." (Karl-Heinz Siehndel)

„Sparsam in den Varianten, aber der Wert liegt in den Verführungen." (Wilfried Seehofer)

„1.Sd5 mit Fluchtfeldschaffung und vier Abspielen wäre als Lösung ideal, umso unattraktiver ist die Lösung, die zwei schon im Satz vorhandene Mattabspiele wiederholt." (Andreas Witt)

Gefühlt mein schlimmstes Problem. Die eigene spätere Beurteilung fällt jedoch etwas positiver aus: Klar, das Lösungsspiel („reelles Spiel") ist eigentlich nicht vorhanden, aber das Verführungsspiel („virtuelles Spiel") hat eine gewisse interessante Komplexität, und der Schlüssel ist durchaus still.

77

1.Ke8? (Drohung 2.Kxd7 und 3.Se6#) Tg1 2.Txb7!
(Drohung 3.Sa6#) (2.Tb3?) c3 3.Dxc3# 1.-Ld3,Lb1
2.Scxd5! (Drohung 3.Lb6#) cxd5 3.Tb5# aber 1.-Lxf3!
(leider auch 1.-Te2!)
1.Txb7? c3 2.Tb4 (*Switchback*) Ld3!
1.Sb5? (Drohung 2.Dd8 und 3.Db6#) b6 2.Sc7! (*Switchback*) und 3.Sa6# aber 1.-Txa4! und 2.-Txa5
1.Sc8? (Drohung 2.Sb6) Ld4! 2.Dd8 3.?

1.Sa8! (Drohung 2.Sb6 und 3.Sxd7#)
Nun zweimal Wiederauftreten der Widerlegungen als
Paraden: 1.-Txa4 2.Lb6+! Kxb4 3.Db2# 1.-Ld4 2.Tb5+!
(2.Dd8? Lf6!) cxb5 3.Dc8#
Einmal Wechsel zum ersten Probespiel: 1.-Tg1 2.Tb3!
cxb3 3.Dc3# z. B. 2.-Txg6 3.Lb4# (leider mit winzigem
Dual: 2.-c3 3.Dxc3#,Txc3#)
1.-d4 2.fxe4 (2.Tb5+?) und 3.De5#
Vier Varianten, davon drei mit Turmopfer.

„Diese Aufgabe kam überwiegend positiv (und deutlich
besser als die vorherige von Aleksandar Popovski) an,
einzig Silvio Baier kritisiert." (Martin Wessels-Behrens)
„Auch hier eine stille Drohung bei mehrfach schwarz-
weißer Linienöffnung und aktiver weißer Dame."
„Spektakulärer Schlüsselzug in die Ecke mit stiller Drohung und interessanten Varianten, die teilweise schwarze
Selbstblocks ausnutzen. Solche Stücke erfreuen das Lö-
serherz."
„Und hier ebenfalls ein sehr guter Schlüssel in Form
eines überraschenden Eckzugs des wS sowie stiller,
zweizügiger Drohung, wobei aber die Varianten mit
Nah- bzw. Fernblock sowie dreifachem Turmopfer natürlich um Welten besser sind."
„1.Sc8? scheitert knapp an 1.-Ld4! Schade, dass für 1.-
d4 keine Verführung vorliegt. Jedoch ist auch so ein
großartiges Problem entstanden!"
„Schöne stille Zweizüge von Weiß!"
„Skurriler Schlüsselzug ins Eck, verführungsreich."
„Reines Rätselstück. Schwierig zu findende Lösung,
aber kein Zusammenhang zwischen den Varianten, über-
ladene Stellung und unterbeschäftigte weiße Figuren
(Se7, Tg6). Das kann der Autor viel besser." (Silvio
Baier)

78

1.Ta1! cxb5 2.axb5 c6 3.Ka6 cxb5+ 4.Kb7 b4 5.axb4+
Kb5 6.a4#
„Verblüffendes Schachrätsel à la Giegold mit gutem
Hinterstellungsschlüssel."
„Ein gefälliges Zugzwangrätsel mit verstecktem Aus-
wahlschlüssel."
„Zwar einfach, aber der Schlüssel ist verblüffend und
optisch attraktiv."
Quasi die logische Weiterentwicklung von **7**.

79

1.Kd2! (Zugzwang) Tc4 2.Sfxd6+ Kxd4 3.Sxb5#
1.-Txd4+ 2.Sxd4+ Kxd4 3.Ta4# 1.-b2 2.Se3+ Kxd4
3.Sc2# 1.-Lf3~ 2.Sg3+ Kxd4 3.Sxe2# 1.-g3 2.Sh4+
Kxd4 3.Sxf3# 1.-exd4 2.Sxh6+ Ke5 3.g8D,L# 1.-Lxg7
2.Sxg7+ Kxd4 3.Se6# 1.-Sb8~ 2.Se7+ Kxd4 3.S(x)c6#
(1.-e1D+ 2.Txe1+ Le2 3.Txe2#) (1.-Sb5~ 2.Scxd6#)
Komplettes *Springerrad* der weißen Zweitzüge mit Zug-
zwang, doppelte Schachprovokation, alle neun Varianten
vollzügig.
„Nostalgisch und immer wieder sehenswert."
„Eine reife Leistung!"
„Vollständiges weißes Springerrad, der Zugzwang
kommt überraschend."
„Das Springerrad ist schon öfters realisiert worden."
(Preisrichter Abdelaziz Onkoud)
Deswegen wurde das Problem nicht ausgezeichnet. Allerdings frage ich mich, ob ein solches Springerrad im
Dreizüger schon auch *mit Zugzwang* realisiert wurde, ob
es also nicht gar eine Erstdarstellung wäre …
Und wieder: gefällt mir fast mehr (auch wegen der
knappen Legalität) als die ähnliche (und mit einem Lob
ausgezeichnete) **63** mit Drohung – eigentlich ist dieses
Problem sogar mein Favorit unter allen meinen Schach-
problemen –, aber kürzere Kritik und keine Auszeich-

nung.

Legalitätsbeweis: wBg7 ist der weiße f-Bauer, der eine schwarze Figur geschlagen hat (Dame oder Turm). Schwarzer h-Bauer hat den weißen g-Bauern geschlagen. Schwarzer a-Bauer hat den weißen b-Bauern und den weißen c-Bauern geschlagen. Nun konnten sich der weiße a-Bauer und der weiße h-Bauer umwandeln, und sie wurden auf der d-Linie von dem schwarzen ursprünglichen a-Bauern bzw. dem schwarzen c-Bauern geschlagen. Schon als d-Bauer hat der schwarze a-Bauer noch den weißen e-Bauern geschlagen.

80

1.Txe6? (Drohung 2.Sh5+,Sg6+ Kd5 3.Sf6# bzw. 3.Se7#) Sxc2!

1.Lb8! (Drohung 2.Sxe6+ Kxe5/Kd5 3.Sf4#/Sc7#)

Nun Wiederauftreten der Drohungen der Verführung als Varianten: 1.-exf5 2.Sh5+ Kd5,f4 3.Sf6# 1.-Lxe5 2.Sg6+ Kd5 3.Se7#

Des Weiteren: 1.-c4 2.Sd3+ Kd5 3.Sab4# 1.-Kxe5 2.Dxc6! (Drohung z. B. Dd5#) dxc6 3.Txe6#

„Komplex und schwierig. Das *Siers-Rössel* muss genau geführt werden."

„Materialaufwändig und verwirrend."

„Immerhin viermal schießt die weiße Batterie."

„Bei diesem Autor ist immer viel los."

81

Satz: 0.-exd5 1.Lxd5#

1.Td3,Sc2? Sf5! 1.Sxg4? Lh3~!

1.Sd1! (Zugzwang) exd5 2.Ld3#

1.-Kf5/Sf3~/Lh3~/Sh4~/Sf5

2.Sxd6#/Te3#/Dxg4#/D(x)g6#/Sf2#

„Reziproke *Dualvermeidung*. Guter, fluchtfeldgebender Schlüssel."

„Fluchtfeldfreigabe, Zugzwang mit sechs Mattabspielen, ein *Mattwechsel*."

„Durchaus feines Zweizüger-Rätsel zur Erholung zwischendurch."

„Ein schwieriger Fall."

„Der Zugzwang ist gar nicht so einfach zu erkennen."

„Ansammlung von Abspielen und Verführungen. Ich werde dabei nicht warm."

Eigentlich zu schwach für *Die Schwalbe*. Die gar nicht so schlechte Kritik überrascht.

82

1.De8! (Drohung 2.Dc6#)

Hauptvarianten: 1.-Sd4 2.Sf3+ Se6+/Kxf3/Kd5 3.S5d4#/De3#/Se3# 1.-Sf4 2.Sd4+ Sg6+/Kd5 3.Sef3#/Dc6#

Zwei Nebenvarianten: 1.-Td4 2.Sxd3+ Kf3,Kxd3/Kd5 3.Dxe2#/Lg8# 1.-Lxe5+ 2.Dxe5+ Kf3 3.Sh4# (1.-Sxg3 2.Dc6+ Kf4 3.Le3# 1.-Txf5+ 2.Lxf5+ (leider dualistisch im Drittzug) 1.-Da8 2.Dxa8#)

Reziproke Springerzüge mit Verstellungen, Entfesselungen, Kreuzschachs.

„Zum Vergleich das Stammproblem von L. I. Loschinski und Je. I. Umnow … In der Neubearbeitung gibt es je drei verschiedene Matts auf die Königsfluchten nach d5 und f3, wobei das Stammproblem eine langzügige Drohung (plus Fluchtfeldfreigabe!) aufzuweisen hat. Inwieweit die Aufgabe ihre eigenständige Berechtigung hat, mag der Preisrichter entscheiden." (Martin Wessels-Behrens)

„Reichhaltiges Opus mit weißer direkter und indirekter Batterievielfalt, Kreuzschach- und Fesselungsthematik sowie indirekten Entfesselungen. Besonders ragen die Varianten 1.-Sd4/Sf4 heraus mit jeweils konsekutiver wS-Abzugs-Auswahl unter Zulassung eines schwarzen

Batterie-Gegenschachs."

„Mann, ist das verwirrend! 2.Sf3+/Sd4+ darf man wohl als paradox bezeichnen?"

„Sehr differenzierter Einsatz der weißen Batterien, trotz der Kurzdrohung schwer zu lösen. 1.d7? scheitert übrigens nur an 1.-Da8!"

„Zwei weiße Batterien. Gegenüber der Aufgabe von Loschinski ist der Fortschritt hier nicht so groß. Bei gleicher Steinzahl ist bei diesem Autor ein Abspiel mehr [zwei Abspiele!]."

In der Neubearbeitung ist der Schlüssel übrigens ebenso mit Fluchtfeldfreigabe. Aber der eigentliche Mehrwert sind meines Erachtens die eben erwähnten jeweils drei verschiedene Matts auf die Königsfluchten Kd5 und Kf3, die gar einen *Sagoruiko* komplettieren.

83

1.Te4+! Kxe4/Txe4/Sdxe4/Sfxe4/dxe4/Lxe4
2.Dd4#/Sd3#/Txf5#/Sh5#/Dxd6#/Se6#
Quasi die Weiterentwicklung von **5**. In allen Varianten muss Weiß das indirekt mitgegebene Fluchtfeld e5 im Griff behalten.

84

1.Kf1! (Zugzwang) e2+/Ke5,f3/e5/f6
2.Dxe2#/Dd4#/Dd5#/Txe6#

85

1.Sb3! (Zugzwang) Ka4/Kc4/a4 2.Sd4#/Dc5#/Ld3#
Doppelte Fluchtfeldfreigabe im Miniatur-Format.
„Ein luftiger Zweizüger. Etwas zum leichten Eingewöhnen für das Problemschach." (Georg Böller)

86

1.Dxb3! (Drohung 2.Da4+ Td4/Ke5 2.Dxe8#/Df4#) Ke5

2.Dxe3+ Kd6 3.Txd2# 1.-Txc7 2.Dd3+ Ke5 3.Lxc7#
1.-Td4 2.Db7+ Td5/Ke5 3.Dxd5#/Sf7# 1.-Te5 2.Dc2+
Td3/Kd4 3.Dxd3#/Sc6# 1.-Te6 2.Dc4+ Td4/Ke5
3.Dxe6#/Df4#
Dualbehaftete Varianten: 1.-Tee7 2.Db4+ Td4/Ke5
3.Dxe7#/Df4#,Sc6# (1.-Kd4 2.Db4+ Ke5 3.Df4#,Sc6#
1.-Te8~ auf der 8. Reihe 2.Db4+,Dc4+ mit einem Dual
bereits im Zweitzug)
„Ungemein schwierig, selbst was die Zweitzüge anbe-
trifft."
„Immerhin sieben dualfreie Abspiele der weißen Dame."
„Schade, dass die Horizontal-Fluchten des Te8 alle du-
albehaftet sind."
Nicht zu vergessen: zwar ein sich anbietender Schlagschlüssel, aber mit doppelter Fluchtfeldfreigabe.

87
Satz: 0.-Sxd3 1.Sxd3#
(1.De3+? Se4! 1.Te3+? Le4!)
1.Ta5? (Drohung 2.Sc4#) Sf5 2.Df4# aber 1.-Tf5!
1.Sf6! (Drohung 2.Df4#) Sf5 2.Sc4# 1.-Sxd3 2.Sg4#
1.-Kxf6/Txf6 2.Dg5#/Dc7#
Le Grand mit einem zusätzlichen Mattwechsel.
„Ausgezeichnet, aber der wBh4 ist ein kleiner Lösungsverräter."
„Geschickte Ausnutzung des ‚doppelten Halbnachtwäch-
ters' Se8/Ta6, um die Verführung plausibel zu machen."
„Kritikpunkte sind die traurige Rolle des Td3 (nur zur
Vermeidung eines Lösungsduals!), der Lösungsverräter
Bh4 sowie der Verführungsdual 1.Ta5? Tc7
2.Dxc7#,Df4#."
„Gerade wegen dieses Duals wurde die eigentliche The-
mavariante nicht honoriert und der Gesamtinhalt von
einigen Lösern in die Nähe des *Dombrowskis*-Themas
gerückt." (Hubert Gockel)

88

1.Sb5! (Drohung 2.Sc5#,Sc7#,Sd4#,Sd8#)
Se7/d4/Sf6/Sg6 2.Sc5#/Sc7#/Sd4#/Sd8# 1.-Sxf7 2.Lg4#
Fleck mit der Totalparade 1.-Sxf7 im Meredith-Format.
Mehrfachdrohung, aber zugleich auch Zugzwang, denn
alle möglichen schwarzen Züge sind Varianten.
„Mit solchen Zweimatts wird der Autor immer in der
Gunst der Löser sein." (Georg Böller)
Aus der früheren Schaffensphase ein persönlicher klei-
ner Favorit.

89

1.Tf4! (Drohung 2.Dd4#) Sb5/d4/dxc4/Td1/Te4/Dd1
2.Sxc6#/Txe6#/Sxc4#/De3#/Tf5#/Sf7#
„Ein ‚anheimelnder Zweizüger', den der Partiespieler
Günther Schildbach gerne löste." (Georg Böller)

90

Satz: 0.-Txf4/Ld3 1.De6#/Dxd3#
1.Tf1! (Drohung 2.Df3#) Txf4/Ld3 2.Txe1#/De6#
1.-La2/Sd4/c5/Te3,Txf1/Sg5/Sxf6+
2.d3#/Sc5#/Dd5#/D(x)e3#/Lxg6#/Sxf6#
Zwei *Mattwechsel zwischen Satz und Lösung,* ein *Para-
denwechsel.*
„Außergewöhnlich abwechslungs- und inhaltsreiche
Zweizüger-Nostalgie! Klassische Problemkunst."
(Wilfried Seehofer)
„Dreifache Blocknutzung."

91

Satz : 0.-e3/Td3 1.Dxe3#/Dg7#
1.Sf4? (Drohung 2.Td5#) e3/Td3 2.Dg7#/Se2# aber
1.-Sd3! (1.-dxc6 2.Se6#)
1.Sxc7? (Drohung 2.Td5#) e3 2.Dd6# aber 1.-Td3!

(1.-dxc6 2.Se6#)
1.Sb4! (Drohung 2.Td5#) e3/Td3 2.De5#/Sxc2# 1.-dxc6
2.Sxc6# 1.-Sb6,Sc3/Sxc5/Kxc5/Sd3
2.D(x)c3#/Lxb2#/Sxc2#/Tc4#

Zweiphasenmatt auf 1.-dxc6, *Dreiphasenmatt* auf 1.-
Td3, *Vierphasenmatt* auf 1.-e3.

„wS-Auswahl mit *fortgesetztem Angriff, fortgesetzte
Verteidigung*, schönes *Mattwechsel*-Schema, und ‚natür-
lich' löst ausgerechnet der wS-Wegzug, der dem sK ein
Fluchtfeld inkl. wT-Opfer ermöglicht; klassisch schön."

„Nach J. Rice: *Chess Wizardry* (S. 192) handelt es sich
um einen *paradoxical key*, der zwei Mattwechsel zum
Satz hervorbringt. Die Konstruktionsleistung mit so wenig Material ist beachtlich."

„Sehe mit 1.Sxc7,Se7 und Sf4 sogar drei gute Verführungen. Erstaunlich, dass der wLa3 im Schlüssel verstellt wird."

„Der überraschendste Zug löst und zieht einen bunten
Paradenstrauß nach sich. Ausgezeichnete Arbeit."

„Großartig konstruiert, meisterlich."

„Patentspringer-Züge drohen 2.Td5, aber 1.Sd5~? (nach
b6 oder f6) gibt die Satzmatts nach 1.-e3/Td3 auf und
ignoriert 1.-dxc6, was drei Widerlegungen erlaubt. Drei
Teilkorrekturen zwingen diese jeweils zur Eindeutigkeit.
Die Komplettkorrektur 1.Sf4!? berücksichtigt 1.-dxc6
und stellt neue Matts für 1.-e3/Td3 bereit, schließt aber
die Deckungslinie der wD nach e5. Der fluchtfeldein-
räumende Schlüssel bewirkt neue Matts nach 1.-
e3/Td3/dxc6. Somit bilden die fortgesetzten Angriffe des
wS einen *Sagoruiko* (Satz, 1.Sf4!?, 1.Sb4!) und liefern
ein Neumatt nach 1.Sxc7? e3 sowie einen Mattwechsel
nach 1.-dxc6. Die Elemente sind bekannt, doch stellt die
Kombination mit nur 16 Steinen und einem hübschen
Nebenspiel eine auffallende Leistung dar." (Preisrichter
Michael Lipton)

92

1.Lc3? (Drohung 2.e4+,Sb4+) Df5!

1.c3! (Drohung 2.e4+ Sxe4 3.fxe4#)

Hauptvarianten: 1.-Sd6 2.Sb4+ Lxb4/Txb4 3.Sb6#/Dc5#

1.-Sc5 2.Se7+ Dxe7/Txe7 3.Sf4#/Dd6#

Nebenvarianten: 1.-Df5 2.Lxf5 (Drohung 3.Sf4#) cxd3

3.c4# 1.-Txe5 2.Dxe5+ Kc6 3.Sa7# 1.-Dxf3 2.Lxf3+

Sxf3/Se4 2.e4#/Sf4# 1.-Se4 2.Dd7+ z. B. Td6 3.Le6#

(Dd6,Sed6 leider dualistisch)

„Hier bin ich zwiegespalten. Ich finde es gut, dass Züge
des wLd4 scheitern, zu dem man unweigerlich greifen
möchte. Es ist schon gemein, dass Weiß hier ganz ohne
die Möglichkeit einer offenen d-Linie auskommt. Nachdem dann irgendwann alles außer 1.c3 ausgeschlossen
ist, steht man einem Variantenwust gegenüber, der dann
aber eher verwirrt als erfreut."

„Das war eine ganz arbeitsintensive harte Nuss! Für
Theoretiker mag das Problem nicht viel hergeben, mir
scheint mit diesem Autor jedoch ein neuer ‚Rätselonkel'
auf hohem Niveau zu arbeiten."

„Variantenreich und zwei gute Verführungen. Erwäh-
nenswert noch 1.Lb2? Txb2!"

„Schwarze Verstellungen auf gegenläufigen Linien (f8-
c5 und a3-d6) ermöglichen einen Nowotny auf b4 bzw.
ein Doppelopfer auf e7, wobei es zu einem *Funktionswechsel* Opferstein/Mattstein zwischen den beiden wSS
kommt." (Preisrichter Wieland Bruch)

Hier scheinen die Löser und Kommentatoren den Inhalt
bzw. das Thema schlicht nicht erkannt zu haben – im
Gegensatz zum Preisrichter.

93

1.Tg4? (Drohung 2. Sg5+ hxg5/Txg5 3.Lg6#/Dh1#)

Le5~ 2.Txf4+ Kxf4 3.Dg4# aber 1.-Se7!

1.Txe6! (Drohung 2.Ta4+ Td4 3.Txd4#) b5 2.Sxd6+
Sxd6 3.Lc6# 1.-fxe3 2.Dg4+ Kd5 3.c4# 1.-Ta6 2.f3+
Kxe3 3.Lc5# 1.-Td4 2.Sxe5 (Drohung 3.Df3#) Txe5
3.Lg6#

Thema: wTg6, wSf7, wLe8, in der Anfangsstellung diagonal hintereinander aufgestellt, stellen sich in der
Drohvariante der (thematischen) Verführung und der
Hauptvariante der Lösung (1.-b5) quasi orthogonal hintereinander auf. Leider ist die Verführung mit der Drohvariante hinsichtlich des Erstzugs und des Zweitzugs
besser als die Lösung mit der Hauptvariante.

„Nach Fesselungs-Schlagschlüssel lebhaftes Geschehen
in beiden Bretthälften mit verschiedenen Linieneffekten.
Der wLe8 tritt spektakulär auf. Eine beachtliche Leistung."

94

1.Sxh3? (Drohung 2.Dxd7#) d1D,T!
1.T7xa6? (Drohung 2. c4+) Dd3! 2.Sxd3 (Drohung
3.Dxd7#) Sd7~ 3.Dxb6,Txb6# aber Tf6!
1.Ld1! (Drohung 2.c4+ Txc4 3.bxc4#) Se5 2.Tb4+!
Ka5,Kxb4/cxb4 2.Dxb6#/Dd5# 1.-c4 2.bxc4+ Kxa4
3.Txa6# 1.-Txc2 2.Sxc2 (Drohung 3.Sa3#) Dxb3
3.Dxd7# 1.-Dd3 2.Dxd3+ c4/Kc6 3.Dxc4#/Dxd7#
1.-De6 2.Sxe6 und 3.Sc7#

Hinterstellungsschlüssel wie etwa bei 7, aber hier statt
des Turms mit einem Läufer hinter zwei Bauern.

„Nachdem ich einige Male an den Dreizügern dieses
Autors gescheitert bin und beim Nachspielen diesen
auch künstlerisch nicht viel abgewinnen konnte, war es
mir ein Anliegen, diesmal komplett zu lösen, um ein
ausgewogenes Urteil zu fällen. Und nach einigen Mühen
hatte ich dann endlich den sehr gut inszenierten Schlüsselzug 1.Ld1 gefunden. Alles Weitere entspricht dem
Stil des Autors: Vielseitiges Verführungsspiel, abwechs-

lungsreiche Abspiele, aber alles in Rätselform ohne inhaltlichen Zusammenhang. Das macht die qualitative Vergleichbarkeit zu anderen Dreizügern immens schwierig."

„Das Problem hat sich wegen der Hauptvariante 1.-Se5 als ganz harte Rätselnuss präsentiert, weshalb ich den Schlüssel lange verworfen habe. Kleiner Wermutstropfen ist der untätige Ta7, der nach 1.-a5 nur das ‚Loch' a6 zu bewachen hat [jedoch in einer Variante die mattgebende Figur ist]."

„Listiger Hinterstellungsschlüssel, gute Abwechslung in den Varianten."

95

Satz: 0.-d5! 1.? deshalb 1.Lxd6? aber 1.-Kd5!
1.Sg7? (Zugzwang) d5/Kd5 2.Dc8#/De6# aber 1.-Tc3!
1.c3? (Zugzwang) d5/Kd5 2.Dxd3#/Se3# aber 1.-bxc3!
1.Dg3! (Zugzwang) d5/Kd5 2.Dc7#/Dg8# 1.-Kc3/Tc3
2.Dxd3#/Se3# (*Paradenwechsel* in Bezug auf die Verführung 1.c3?)
Kombination von *Sagoruiko* und *Ruchlis* bei Zugzwang.
In der Lösung sind alle schwarzen Züge thematisch.

„Ein gefälliger Auftakt zu einer sommerlichen Serie."

„Das ist zwar modern, die kompakte Stellung stört mich aber etwas. Es fehlt sicher noch die Routine beim letzten Ausfeilen eines Problems." (Karl-Heinz Siehndel)

Ausfeilen? Ein Problem, das ewig nicht fertig wurde – noch schlimmer als **47**. Und wieder mal schade (und unverständlich in Anbetracht von beispielsweise dagegen einer Auszeichnung von **91**), dass die meines Erachtens anspruchsvolle Themen-Kombination, dazu bei relativ wenig Steinen, keine Berücksichtigung beim Auszeichnen im Informalturnier fand.

96

1.Dc8? (Drohung 2.Dg4#) Sf2 2.Tc1 (Drohung 3.Te1#)
Sh3!
1.Da8! (Drohung 2.Txd4+ Sxd4/exd4/Kxd4
3.Sxd6#/De8#/Da4#)
Hauptvarianten: 1.-Lf2 2.Dh8 (Drohung 3.Dxh1#) Sg3
3.Dh4# 1.-Lg3 2.Da1 (Drohung 3.Dxh1#) Sf2 3.De1#
Nebenvarianten: 1.-dxc4 2.Sxd6+ Sxd6,Kd5 3.Dxc6#
1.-c5 2.Kxb5 und 3.Sxd6#
Vier-Ecken-Dame.
„Bindet einen wunderbaren Lenkungs- und Verstellme-
chanismus phantasievoll in eine Vier-Ecken-Dame ein."
„Die Läuferparaden 1.-Lf2/Lg3 werden wechselseitig
durch *Grimshaw*-Lenkungen des Sh1 kritisch genutzt."

97
Satz: 0.-Dc4+ 1.Sxc4+ Ka4 2.Da5#
1.De8! (Zugzwang) Dc4+,Da7 2.S(x)c4+ Ka4 3.Dxc6#
(*Mattwechsel*) 1.-c5 2.Da4+! Dxa4 3.Sc4# 1.-bxc3 2.d7+
c5 3.Lxc5# 1.-Da5,Db7 2.Txb3+ Kxb3 3.De3# z. B.
1.-Db5 2.Da8+ z. B. Da5 3.Dxa5#
„Nach langem Schweigen meldet sich der renommierte
Amberger Problemschach-Komponist zurück, der für
niveauvolle, variantenreiche Aufgaben wie diese bekannt ist. Ein feiner Dreizüger des Ambergers!" (Heinz
Däubler)

98
1.Db7! (Drohung 2.Dxc6#)
Tc4/Txe6/Dc4/Dxe6/Kb3/Kxe6
2.Dd7#/Db5#/Sgf4#/Se3#/Db3#/Df7#
Verteidigungs-Schlüsselfelder c4 und e6 für schwarze
König, Dame und Turm; echoartig-symmetrisch.
„Einen tollen Einstand feiert der Komponist mit seinem
meisterhaften Zweizüger. Neben dem hübschen Schlüsselzug gibt es noch sechs erstklassige Varianten zu be-

staunen." (Wolfgang Schuster)

„Mit diesem Zweizüger stellt uns der Autor, der unsere Löser an dieser Stelle schon mit einer Reihe wertvoller Aufgaben beeindruckte, ein wiederum äußerst reizvolles Werk vor. Lösespaß ist garantiert!" (Heinz Däubler)

Von der Veröffentlichung auch an einer anderen Stelle bereits im August 2016 erfuhr ich völlig überraschend erst im Dezember 2016.

99

1.Lf8! (Drohung 2.Se7#)
Sc6/Tb5/Txc7/Tc6/Tc4/Le6+,Lh7/g4
2.Sb6#/Dxb5#/Sxc7#/Dd3#/Dd6#/D(x)e6#/Sf4#
Entblockung usw.

100

1.Kb1! (Drohung 2.Da1#) b2/d5/exf6/Kxf6/Sd1/Sxe4
2.Lc3#/Db8#/De8#/Dh8#/Lg3#/Sd7#
Sozusagen nur eine Drei-Ecken-Dame. In den Varianten muss Weiß das Fluchtfeld f6 im Griff behalten.
„Feine Konstruktion!" (Heinz Däubler)

101

1.Lb6? (Drohung 2.Da5#) Lb4 2.De2# aber 1.-Dxb6!
1.Lc5? (Drohung 2.Db4#) Da5 2.De2# (*Paradenwechsel*) aber 1.-Lxc5!
1.Le1! (Drohung 2.De2# – *Rückkehr als Drohmatt*) Lb4 2.Dxb4# (*Mattwechsel* in Bezug auf die Verführung 1.Lb6? und *Drohmatt-Rückkehr* in Bezug auf die Verführung 1.Lc5?) 1.-Dxd7 2.Da5# (*Drohmatt-Rückkehr* in Bezug auf die Verführung 1.Lb6?) 1.-Dg5/Lh6 2.Sc7/Sd6#
Das thematische Schema wäre komplett (und die Aufgabe dadurch aufgewertet), wenn in der Lösung 1.-Da5 statt 1.-Dxd7 eine Variante wäre. Leider ist 1.-Da5

in der Lösung keine Parade.

102

1.Sb5! (Drohung 2.Dd4#)

cxb5/dxc5/Dc3/Dd3/De3/e5/f6/Lf6/Td1/Sxf3

2.Ld5#/Sxc5#/Sxc3#/Lxd3#/Txe3#/Sxd6#/Dxe7#/Dh7#/
Tf4#/Dg4#

„Schön, was da aus Nürnberg kommt. *Pickabish* auf f6
sowie das *Chasse*-Thema – der gleiche schwarze Stein
(sDa3) betritt in den Varianten mindestens drei Felder
und wird auf diesen im Mattzug geschlagen."

„Bei Max Schatz war auch in der Jugend schon viel los,
als er noch bei Amberg spielte."

„Variantenproblem ohne jegliche thematische Verführungen oder Wechselspiele." (Karl-Heinz Siehndel)

103

Matt: 1.Dh7! (Zugzwang) Kb3/b3 2.Dd3#/De7#

Patt: 1.Dh1! (Zugzwang) Kb3/b3 2.Dc1 patt/Dxf3 patt

Jeweils allein Damenzüge.

Selbstmatt: 1.Sd4 b3 2.Sc6 (Rückkehr) b2#

Hilfsmatt: 1.b3 Sa5 2.Kxa4 Sc6# (Rückkehr)

Jeweils allein Springerzüge.

„Ein absolut witziges Stück mit vier unterschiedlichen
Problemschach-Forderungen. Hat mir als nicht besonders eingefleischten Märchenschach-Kenner natürlich
besondere Freude bereitet."

„Was soll man davon halten. Ich sage einfach mal: gute
Unterhaltung."

„Ein toller Einfall." (Karl-Heinz Siehndel)

„Wie nennt man eigentlich solche ‚Mehrspartenproble-
me'? Ich würde sie MEPHISTO-Aufgaben (MaErchen,
Patt, HIlfsmatt, SelbsTmatt, Orthodox) nennen, weil: Sie
sind einfach teuflisch gute Gesamtkunstwerke."

„Bei so einem Multi-Forderungswechsel muss man

schon froh sein, wenn es überhaupt funktioniert, und großzügig über phasenweise überflüssige Steine (wS in a), wD in c) und d)) hinwegsehen. Gerne tue ich das trotzdem nicht."

„Eine erfreuliche Neuheit – und auch noch abwechslungsreich."

„Vielleicht neu in der *Schwalbe*, ansonsten sind diese Forderungswechsel-Aufgaben nicht so neu." (Arnold Beine)

104

1.Ka2? (Drohung 2.Ka3 3.Da2 4.Da1#) aber 1.-g3! 2.-g2 3.-gxf1

1.Sd1? (Drohung 2.Sxf2) g3 2.Sc3 dxc3 3.Dxc3 und 4.Dd2# 1.-cxd1S! 2.Db1# aber 1.-Kxd1!

1.Db7! (Zugzwang) g3 2.Dg2 f3 3.Dxg3 g4 4.Df4# 2.-g4 3.De4 und 4.D(x)f4# 1.-f3 2.De4 g3 3.Dg4 g2 4.Dxg5#

Die schwarze „Festung" ist sicherer, als es auf den ersten Blick scheint. Daher versucht Weiß mit der wD, auf Umwegen in sie einzudringen.

„Fein ausgespielte Bauern!" (Heinz Däubler)

105

1.Lxa8? (Drohung 2.Td5#) Sb4/Sc3 2.Lb8#/Ld4# aber 1.-Dd2!

1.Kg6? (Drohung 2.Sc4,Sg4#) Lxd5!

1.Df1? (Drohung 2.Sc4,Sg4,Df5#) Lf4 2.Dxf4# aber 1.-Lf2!

1.Dd1? (Drohung 2.Dh5#) Lf4!

1.Db1,Dh1? (Drohung 2.Dxe4#) Sc3/Lxd5 2.Ld4#/Txd5# aber 1.-Db4!

1.Da1! (Drohung 2.Lb8#) Sc3 (*Funktionswechsel:* nun Entfesselung) 2.Ld4#

„Spektakulärer Schlüssel."

106

Fehlversuch: 1.Sa3? Kf3 2.Sb5 Kg4 3.Sd6 Kf3 4.Sf7
Kg4 5.Sxh6+ Kf3 6.Sf7 Kg4 7.g8D,T+ Kf3 8.Sg5+ Kg4
9.Se4+ Kf3 10.Dd2 fxe4# aber in zehn Zügen!
1.g8T+! Kf3 2.Te8 Kg4 3.Te2 Kf3 4.Sd2+ Kg4 5.Sf1
Kf3 6.Td2 Kg4 7.Dh1 Kxf4 8.Dh4+ Kf3 9.De4+ fxe4#
Das zweite meiner beiden Selbstmatts (beide sind Ur-
drucke). Ebenfalls ein Neunzüger und mit einem
Schachschlüssel.

107

Satz: 0.-Sd4/Se3 2.Sc3#/Sd2#
1.Sb4! (Drohung 2.Lxf5#) Sd4/Se3 2.Sd2#/Sc3# (*reziproke Mattwechsel*) 1.-Td5/Dh3/Txf4
2.Lxd5#/exf3#/Dxf4#
„Sehr schöner, bestens gelungener und thematisch an-
sprechender Zweizüger!" (Heinz Däubler)

108

1. Lösung: 1.Sxc4 Txc4 2.Txd4 Txd4# (Turmpaar-Matt)
2. Lösung: 1.Txe3 Lxe3 2.Sxb3 Lxb3# (Läuferpaar-
Matt)
3. Lösung: 1.Sxb3 Sxb3 2.Txe3 Sxe3# (Springerpaar-
Matt)
Reziproke schwarze Züge bei den Lösungen zwei und
drei, Weiß schlägt (ebenfalls reziprok) auf gleichen Feldern jeweils mit Läufer oder Springer. Leider eine gewisse Symmetrie vorhanden.

109

1.Tf6! (Zugzwang) exf6 2.Sg4 f5,Tf8~,h6/Sf7~
3.S(x)f6#/S(x)h6# 1.-h6 2.Tg6+ Kh7 3.Tg7# 1.-Tf8~
2.Txf7 und 3.Tg7#
„Eine schöne Zugzwangaufgabe mit drei interessanten
Abspielen nach schönem Opferschlüssel!" (Heinz Däub-

ler)

Hinzuzufügen wäre: Das ganze Geschehen spielt sich nur im oberen rechten Quadranten ab. Das Problem ist eigentlich mehr oder weniger zufällig entstanden (interessantere Werke, die so entstehen, nennt man wohl „Funde") und wurde für existenzwürdig erklärt.

110

1. Lösung: 1.Ld1 0-0 2.Dc1 Txd1 3.Dxe3 Txa1 4.Dc5 Tb1#
2. Lösung: 1.Db3 cxb3 2.c2 Kd2 3.Kxb3 Txa1 4.c1S! Tb1#

Die zweite Lösung ist zufällig vorhanden und steht in keinerlei thematischem Zusammenhang mit der ersten Lösung.

111

1.Da1? (Zugzwang) La3/La5/Lxc5/Lc3
2.bxa3#/b4#/b3#/bxc3# aber 1.-Ld2!
1.Da4! (Zugzwang) La3/La5/Lxc5/Lc3
2.Sxa3#/Sxa5#/Lg7#/bxc3#
1.-Ld2/Se1~/Sxf3/Sh6~/dxc4
2.Sxd2#/T(x)d3#/Sxf3#/S(x)f5#/Te4#

Drei *Mattwechsel zwischen Verführung und Lösung*, *Albino* in der Verführung.

Ein Problem, bei dem ich nicht mehr weiß, wie es entstanden ist. Und das ich wohl verworfen hätte (wegen der Wiederholung des Themas von **55**), wären da nicht die Mattwechsel …

Glossar

Albino: Alle vier möglichen Züge eines weißen Bauern von der zweiten Reihe werden ausgeführt. Beim *Pickaninny* werden alle vier möglichen Züge eines schwarzen Bauern von der siebten Reihe ausgeführt.

Anti-Lewman: Die Öffnung einer maskierten weißen Deckungslinie durch Schwarz ermöglicht Weiß im Mattzug die Verstellung einer anderen weißen Deckungslinie unter Demaskierung der ersten Linie.

Bahnung: Ein Stein wird auf einer Linie so weit vorgezogen (über einen Schnittpunkt hinweg), dass er nicht mehr mitspielt, nur um einen anderen Stein auf derselben Linie vorziehen zu können.

Batterie: Auf den gegnerischen König gerichtete Abzugskonstellation zweier Steine. Wenn beim Abzug des maskierenden Steins der aufgedeckte Stein selbst schachbietet (Abzugsschach), so handelt es sich um eine direkte, deckt dieser dabei nur ein Fluchtfeld des Königs, um eine indirekte Batterie.

Block: Ein Stein (meist der schwarze König) kann ein Feld nicht betreten, weil dieses durch einen weiteren Stein der eigenen (beim Bauern auch der gegnerischen) Partei besetzt („geblockt") ist.

Damenkreuz: Ein Task, bei dem die Dame auf möglichst viele Weisen mattsetzt. Im Zweizüger ergeben sich bis zu zwölf Möglichkeiten, wenn die Positionen von Dame und gegnerischem König sich um drei Reihen und eine Linie (oder drei Linien und eine Reihe) unterscheiden.

Dombrowskis: In der Lösung folgen die thematischen Mattzüge paradoxerweise gerade nach jenen schwarzen Zügen, an denen sie als Drohungen der Verführungen scheitern.

Dombrowskis-Paradoxon: In einer Phase droht Weiß mit einem Matt A, und Schwarz verteidigt sich dagegen mit einer Parade a. In einer anderen Phase führt die Parade a paradoxerweise ausgerechnet zum Matt A.

Dreiphasenmatt (Vierphasenmatt, Fünfphasenmatt ...): Jeweils anderes Matt (Mattwechsel) auf gleiche Parade in drei (vier, fünf ...) Phasen.

Drohmatt-Rückkehr: Ein Drohmatt aus einer Phase kehrt in einer anderen Phase als Matt auf eine Parade wieder.

Drohung: Eine Mattsetzung (Drohmatt) oder Mattführung, die erfolgen würde, wenn die gegnerische Partei als Antwort auf einen Zug nicht zöge. Zu Varianten führen diejenigen gegnerischen Züge, welche die Drohung parieren.

Dual: Partielle Nebenlösung, vom Komponisten unbeabsichtigte Abweichung in seiner Lösung im zweiten oder in einem späteren Zug durch Weiß (beim Hilfsmatt auch durch Schwarz). Ein Dual entwertet eine Schachkomposition, wenn er in einer relevanten Variante (Hauptvariante) vorkommt (sonst *Dual minor*, der nicht als entwertend angesehen wird). Eine Unterverwandlung eines Bauern im Mattzug in einen Turm oder Läufer anstelle der Dame zählt nicht als Dual.

Dualvermeidung: Eine schwarze Parade bewirkt eine Schädigung, die zwei weiße Antworten nutzen könnten, die ausschließlich diese Schädigung ausnutzen. Ein zusätzlicher Effekt der schwarzen Parade verhindert aber eines der beiden Matts. In der Regel wird erwartet, dass in einer anderen Variante das andere Matt ebenfalls durch Dualvermeidung differenziert wird.

Entblockung: Die Antiform des Blocks, das heißt, ein direktes schwarzes Manöver gegen einen drohenden Block durch dessen Aufhebung in Form des Wegzuges oder Schlagens des blockenden Steines.

Entfesselung: Das Aufheben bzw. Beseitigen einer Fesselung, möglich direkt durch Schlagen oder Vertreiben der fesselnden Figur, indirekt durch Zwischenziehen eines Steines auf die Fesselungslinie (Halbfesselung).

Erstdarstellung: Ein Schachproblem, in dem ein bestimmtes Thema oder eine bestimmte Idee nachweislich zum ersten Mal umgesetzt worden ist.

Fesselung: Ein Stein wird durch eine gegnerische Figur so angegriffen, dass er ein Feld oder eine Linie bzw. Reihe nicht verlassen kann, er also am Wegziehen gehindert ist, weil er damit den eigenen König einem Schachgebot aussetzen würde.

Fleck: Weiß droht gleichzeitig n Matts an. Jede Verteidigung wendet bis auf jeweils eine Drohung alles ab, sodass die Mehrfachdrohung in n verschiedene Matts vereinzelt wird.

Fortgesetzter Angriff: Der Wegzug eines Steins begründet eine Drohung, doch verbleibt dem Gegner eine Verteidigung. Deshalb zieht der Stein so, dass auch auf diese Verteidigung ein Matt bzw. eine Mattführung erfolgen kann.

Fortgesetzte Verteidigung: Der beliebige Wegzug eines Steins zur Abwehr einer Drohung führt zum Matt. Deshalb zieht der Stein so, dass diese „sekundäre" Drohung gleichzeitig mit abgewehrt wird.

Funktionswechsel: Zwei (oder mehrere) Steine vertauschen im Laufe einer (mehrzügigen) Variante oder zwischen zwei Varianten einer Phase oder zwischen zwei (oder mehreren) Phasen ihre Funktionen. Auch kann dieselbe Parade eines einzigen Steines zwischen zwei (oder mehreren) Phasen ihre Funktion wechseln.

Grimshaw: Wechselseitige Verstellung zweier ungleichschrittiger schwarzer Figuren in ihrem Schnittpunkt. Im Unterschied zum Nowotny ohne weißes Opfer.

Halbbatterie: Zwei Steine gleicher Farbe verstellen die

Wirkungslinie eines eigenen Langschrittlers. Nach Wegzug eines Verstellsteins entsteht eine Batterie.

Halbfesselung: Zwischen der Wirkungslinie eines Langschrittlers und der gegnerischen Figur befinden sich zwei weitere Steine von der Farbe der angegriffenen Figur. Zieht einer dieser Steine aus der Wirkungslinie des Langschrittlers, wird der andere Stein gefesselt.

Informalturnier: An Informalturnieren nehmen automatisch alle Urdrucke einer Problemzeitschrift teil, die innerhalb eines bestimmten Zeitraumes erschienen sind. Im Gegensatz dazu werden formale Turniere zu besonderen Anlässen ausgeschrieben.

Kreuzflucht: Der schwarze König flieht in den verschiedenen Abspielen auf die vier horizontal und vertikal benachbarten Felder.

Kreuzschach: Ein von einer langschrittigen Figur gegebenes Schach wird gekreuzt, also mittels Dazwischenstellen eines Steines abgedeckt, während dieser gleichzeitig selbst Schach bietet (Gegenschach).

Le Grand: Reziproker Wechsel zwischen Drohung und Mattzug nach derselben Parade (beim *Pseudo-Le-Grand* nach unterschiedlichen Paraden).

Legalität: Diese ist gegeben (und muss gegeben sein), wenn die Diagramm-Stellung durch eine reguläre Schachpartie entstanden sein kann. Dabei spielt es keine Rolle, ob die Züge sinnvoll im Sinne einer Partie waren.

Lenkung: Zwang einer gegnerischen Figur zu schädigenden Zügen.

Lösung: Die der Forderung eines Schachproblems entsprechende Antwort sowie eine der drei Phasen.

Mattwechsel: Wechsel des Mattzugs im Satz oder in der Verführung auf den Mattzug in der Lösung – bei gleicher Parade. Eine Abart sind die reziproken Mattwechsel, bei denen zwei Mattzüge in ihrer Reihenfolge ausgetauscht werden.

Meredith: Ein Schachproblem mit insgesamt acht bis zwölf Steinen.

Miniatur: Ein Schachproblem mit insgesamt maximal sieben Steinen.

Minimal: Ein Schachproblem, bei dem Weiß neben seinem König nur noch eine Figur hat.

Mustermatt: Ein Mattbild, bei dem das Matt zugleich *rein* (die Fluchtfelder des mattgesetzten Königs dürfen nur aus jeweils einem Grund nicht betreten werden) wie auch *ökonomisch* (alle Figuren der mattsetzenden Partei – außer König und Bauern – sind am Matt beteiligt) ist. Ein Mustermatt wird allgemein als sehr ästhetisch angesehen.

Nebenlösung: Eine weitere, vom Autor unbeabsichtigte Lösung in Form von zusätzlichen Schlüsselzügen oder sonstigen dem Lösungsverlauf nicht entsprechenden Zügen. Das heißt, im Gegensatz zum Dual beginnt die Abweichung der Lösung schon mit dem Schlüsselzug. Dadurch ist die Schachkomposition entwertet.

Nowotny: Verstellung der Deckungslinien zweier ungleichschrittiger schwarzer Figuren durch schädliche Besetzung ihres Schnittpunkts mit einem weißen Opferstein.

Parade, auch Verteidigung: Planstörender Gegenzug (von Schwarz).

Paradenwechsel: Beim gleichbleibenden Mattzug im Satz oder in der Verführung und in der Lösung wechselt Schwarz seine Verteidigungszüge (Paraden).

Phasen: Ebenen des Geschehens innerhalb eines Schachproblems, speziell im Zweizüger. Es gibt drei verschiedene Phasen, wovon die erste und die zweite fehlen können: 1. Satz(-spiel) (ab einer bestimmten Relevanz für die Themendarstellung wird dies mit einem * unter dem Diagramm gekennzeichnet). 2. Verführung(en) (ab einer bestimmten Relevanz für die Themendarstellung wird dies mit einem oder mehreren – bei mehreren Verführungen – v unter dem Diagramm gekennzeichnet). 3. Lösung(-spiel).

Pickabish: Wechselseitige Verstellung eines Bauern und eines Läufers gleicher Farbe, wobei der Bauer auf der Grundreihe stehen muss, um den Schnittpunkt überschreiten zu können.

Probespiel: Die eher übliche Bezeichnung für eine Verführung im Drei- und Mehrzüger.

Pseudo-Schiffmann-Parade: Definition der *Schiffmann-Parade*: Nach dem Schlüssel droht Weiß mit dem Abzugsmatt einer Batterie, bei dem eine zweite eigene Batterie verstellt wird. Schwarz verteidigt sich durch ein selbstfesselndes Schlagen in diese zweite Batterie, da er bei Ausführung der Drohung wieder entfesselt und verteidigungsfähig würde. Dank der Selbstfesselung des Verteidigers kann Weiß nun aber auf eine andere Art mattsetzen. Der Unterschied bei der Pseudo-Schiffmann-Parade ist lediglich, dass dieses andere Matt ohne die Nutzung der Selbstfesselung des Verteidigers geschieht.

Retroanalyse: Aufgabe, bei der aus der Diagramm-Stellung Aussagen über deren „Vorgeschichte" herauszufinden sind, zum Beispiel ob die Rochade oder ein En-passant-Schlag möglich sind. Sie ist ein Hilfsmittel, um im orthodoxen Schachproblem die Legalität nachzuweisen.

Rückkehr als Drohmatt: Ein Matt auf eine Parade aus einer Phase kehrt in einer anderen Phase als Drohmatt wieder.

Ruchlis: Mindestens vier Varianten, wobei zwei davon Mattwechsel auf Paraden aus einer anderen Phase darstellen. Zwei weitere Matts, die in jener anderen Phase auf diese Paraden erfolgten, erfolgen nun auf neue Paraden. Also Kombination von mindestens zwei Mattwechsel mit mindestens zwei Paradenwechseln.

Sagoruiko: Auf mindestens zwei Paraden erfolgen in mindestens drei Phasen unterschiedliche Matts. Also pro Parade mindestens zwei Mattwechsel.

Salazar: Verbindung des Reziprokwechsels (verteilt auf zwei Phasen) von Erstzug und Mattzug bei gleicher Parade mit dem Mechanismus des reziproken Batterieaufbaus.

Satz: Eine der drei Phasen. Die sich ergebenden Varianten, wenn man in der Ausgangsstellung nicht die am Zug befindliche Partei, sondern die andere (Schwarz) ziehen lässt, das heißt, wenn man annimmt, dass die eigentlich anziehende Partei bereits gezogen hat (ohne Schlüsselzug).

Satzmatt: Mattzug im Satz.

Schachprovokation: Ein Zug, der Schachgebote der gegnerischen Partei zulässt.

Schachschlüssel: Ein Schlüsselzug, der dem gegnerischen König Schach bietet.

Schlüssel, auch Schlüsselzug: Erster, vom Autor beabsichtigter Zug in der Phase der Lösung. Je nach Art und Weise dieses Zuges wird dabei zwischen verschiedenen Schlüsseln unterschieden, wie zum Beispiel Opferschlüssel, Schachschlüssel oder Schlagschlüssel.

Selbstblock: Die schädliche Besetzung eines Fluchtfeldes des eigenen Königs.

Selbstfesselung: Die Fesselung wird durch einen eigenen Stein – direkt durch den König oder indirekt durch einen anderen Stein – herbeigeführt.

Siegfried-Strategie: Strategie des Lösungsspiels bei Vorhandensein eines „Siegfrieds" – eines Steines, welcher wegen Pattgefahr nur unter bestimmten Voraussetzungen geschlagen werden darf. Geht auf die Figur des unverletzlichen Siegfried im „Nibelungenlied" zurück.

Siers-Rössel: *Siers-Batterie:* Ein maskierender Stein bietet beim Abzugsschach ein Fluchtfeld, der schwarze

König pariert das Schach durch Flucht darauf. Ein weiterer Zug des vormals maskierenden Steins setzt den König auf diesem Fluchtfeld matt. Besonders gut für diese Thematik eignet sich der Springer – deswegen „Rössel".

Springerrad: Ein im Zentrum befindlicher weißer oder schwarzer Springer zieht in den verschiedenen Abspielen auf alle acht direkt erreichbaren Felder.

Stammproblem: Ein Schachproblem, in dem ein bestimmtes Thema oder eine bestimmte Idee – nicht unbedingt erstmals – dargestellt worden ist und das als Referenz dafür dient.

Sternflucht: Der schwarze König flieht in den verschiedenen Abspielen auf die vier diagonal benachbarten Felder.

Switchback: Wiederbesetzung eines Feldes durch eine Figur, die es vorher verlassen hat. Im Zweizüger nur für Weiß realisierbar: Verlassen des Feldes im Schlüssel, Rückkehr in der Drohung oder im Mattzug.

Task: Eine Rekordaufgabe, also die Verwirklichung einer Idee mit der theoretisch maximal möglichen Mehrfachsetzung.

Thema: Der Inhalt oder die Idee des Autors eines Schachproblems.

Thema A: Ein Fluchtfeld des schwarzen Königs wird durch zwei weiße Langschrittler gedeckt. Da Weiß bei Ausführung der Drohung die eine Langschrittler-Linie verstellt, pariert Schwarz mit der Verstellung der anderen Linie.

Totalparade: Eine Parade, die beim Auftreten von Mehrfachdrohungen diese alle pariert.

Unterverwandlung: Verwandlung in eine andere Figur als die Dame, etwa zwecks Pattvermeidung.

Urdruck: Erstveröffentlichung eines Schachproblems.

Variante, auch Abspiel: Eine Zugfolge, die sich durch unterschiedliche Antworten (Paraden) der gegnerischen

Seite auf einen bestimmten Zug des Anziehenden ergibt. Man unterscheidet zwischen Haupt- und Nebenvarianten, zwischen thematischen, zusätzlichen und technischen (konstruktionsbedingten) Varianten.

Verführung: Eine der drei Phasen. Beim direkten Matt und beim Selbstmatt ein weißer Anfangszug, der das Problem fast löst, aber nur von einem bestimmten Verteidigungszug von Schwarz (Widerlegung) auf eindeutige Weise widerlegt wird.

Vier-Ecken-Dame: Die weiße Dame betritt in den Abspielen oder Phasen alle vier Ecken des Brettes oder steht in einer Ecke und betritt die anderen drei.

Wartezug: Ein Zug von abwartender oder zurechtstellender, an der Stellung nichts zerstörender Natur.

Wenigsteiner: Ein Schachproblem mit insgesamt maximal vier Steinen.

Y-Flucht: Die Fluchtzüge des Königs auf die (zusammen mit seinem Standfeld) ein Y bildenden Felder.

Zugwechsel: Weiß möchte den Zugzwang von Schwarz ausnutzen, besitzt selbst aber auch keinen neutralen Wartezug oder ein Wartemanöver, das den vollständigen Satz ganz oder teilweise aufrechterhalten kann. Das heißt, ein anderer Plan muss verwirklicht werden, der dann zu geändertem oder/und zusätzlichem Spiel führt. Der Schlüssel kann hier erneut Zugzwang herbeiführen, aber auch eine Drohung enthalten oder Schach bieten.

Zugzwang: Es droht nichts, die gegnerische Partei gerät nur deshalb in Nachteil, weil sie ihrer Zugpflicht genügen muss. Varianten ergeben sich hier auf jeden gegnerischen Zug.

Zwilling: Hier handelt es sich um zwei Schachkompositionen, bei denen die Stellungen sehr ähnlich sind. Oft steht nur ein einziger Stein auf einem anderen Feld, oder die Farbe eines Steines wechselt, oder zwei Steine sind vertauscht, oder das Brett ist gedreht/gespiegelt, oder alle Steine sind um eine Linie oder Reihe versetzt. Trotz solcher relativ kleiner Veränderung unterscheiden sich die Lösungen oft erheblich.

Kursiv gesetzt sind konkrete Themen.

Quellen:

Lösungen: Die Löserkommentare entstammen den jeweiligen Zeitschriften bzw. Problemschach-Sparten.
Glossar: Hoffmann, Martin: *kunstschach in begriffen*;
https://de.wikipedia.org/wiki/Schachkomposition